Tiziana Metitieri

Toletta con chimografo

Le Donne della Psicologia 1896-1934

Indice

Introduzione

Questa storia racconta di dieci donne nate sul finire del 1800, che hanno pubblicato lavori importanti nell'ambito della psicologia e che presto sono cadute nell'oblio. Le loro opere costituiscono in alcuni casi un riferimento ancora attuale e fondamentale per la psicologia, in altri casi sono state superate da evidenze empiriche e da teorie successive, in altri ancora rappresentano una tappa storica dell'evoluzione della psicologia come scienza. Alcune opere sono citate nella letteratura scientifica sull'argomento, sebbene sia accaduto molto raramente nel corso di circa un secolo, altre, benché fondamentali, sono del tutto ignorate, infine, di altre ancora non si trova alcuna traccia. Le donne che racconto sono tutte accomunate dal fatto che i loro meriti non sono riconosciuti dalla comunità psicologica.

L'oblio non deve sorprendere se ancora nel 1935 Cesare Colucci, uno dei pionieri della psicologia italiana, nelle sue *Lezioni di psicologia sperimentale* scriveva: "La donna per sua natura vive concentrata nell'orbita della famiglia, che è la sua finalità, vi raccoglie il suo spirito, i suoi desideri, lungamente, pertinacemente convergenti. Donne che sinceramente deviano in compiti professionali, nella concorrenza di uomini, spesso sono piante sterili, o sono anomalie, o stanno nell'anticamera della patologia, come per altro vi si accostano le sfrontatezze, le animalità del naturismo".

Scienziate e studiose che, in un ambiente scientifico dichiaratamente ostile, hanno faticato per riuscire a completare i loro studi, pubblicarli e, in alcuni casi, hanno anche lottato per il riconoscimento dei diritti di uguaglianza nell'accesso alla conoscenza, all'istruzione universitaria e al lavoro accademico. La smemoratezza dei posteri, tuttavia, non ha reso alcun omaggio né alle lotte, né ai traguardi scientifici raggiunti.

Sulle italiane abbiamo le notizie più frammentarie, con l'eccezione di Giuseppina Pastori e, in parte, di Renata Calabresi. A colmare quest'ultima lacuna, sta per uscire il nuovo libro di Patrizia Guarnieri a lei dedicato.

Le strade delle nostre dieci protagoniste a volte si incrociano. Arai Haraguchi riporta nelle sue memorie la descrizione di Mary Calkins da parte di Marjorie White: "Her classes are very interesting. Because she talks so much, Doctor [William] James calls her Miss Talkin". Calkins cita in un suo articolo del 1916 la tesi di dottorato di Anna Meyer Berliner: "A suggestion of one of the self psychologist's distinctions between perception and imagination is found in Anna Berliner's experimental study of the ability to distinguish perception from imagination".

Ho iniziato questa investigazione circa due anni fa e per il primo anno attraverso la sezione *Storia della Psicologia – Donne incluse* del blog neuropsicolab.blogspot.it, dove si possono trovare le prime versioni, qui rimaneggiate, di Benigni, Berliner, Calabresi, Calkins e Haraguchi e per De Marchi e Pastori in *Eterne allieve*. Dal secondo anno, il mio interesse si è concentrato sul lavoro svolto da numerose altre donne della psicologia del Novecento. Per questo primo libro ne ho selezionate dieci.

Non è una ricerca esaustiva. Per conoscere altre donne della storia della psicologia consiglio la lettura di *Untold lives: The first generation of American Women psychologists* di Elizabeth Scarborough e Laurel Furumoto, pubblicato dalla Columbia University Press nel 1987 e *Pioniere della psicologia* di Elisabetta Gyulai, pubblicato da Cleup nel 2010.

Se le psicologhe statunitensi possono essere scoperte in diversi studi dedicati, non accade lo stesso per le pioniere italiane, che si ritrovano per la prima volta insieme in questa raccolta dei loro lavori. La selezione ha mirato a opere originali e innovative per l'epoca, opere che sistematizzano le conoscenze oppure scandagliano un tema con nuovi esperimenti. Non troverete solo psicologhe in senso stretto, cioè donne che hanno avuto un riconoscimento accademico negli ambiti della psicologia o che hanno lavorato in laboratori di psicologia ma anche altre figure professionali (insegnante, medico) che hanno dato un contributo importante alla nuova disciplina scientifica.

Ciascun profilo comprende alcune notizie biografiche,

una selezione di estratti originali dall'opera di riferimento e una breve analisi dell'impatto dell'opera sulla ricerca psicologica.

L'intento è di sollecitare la curiosità, stimolare la memoria e incoraggiare ulteriori e più approfondite indagini sulle opere e sulle loro autrici.

Per la fase di ricerca devo ringraziare la Biblioteca di Medicina dell'Università di Siena che mi ha rapidamente inviato l'articolo di Silvia De Marchi senza richieste di intermediazione e la Biblioteca Nazionale di Firenze dove ho trascorso diverse ore, tra la curiosità e l'entusiasmo, con i volumi di Edvige Benigni, Zoraide Delestré-Casaltoli e Giuseppina Pastori. Un ringraziamento per la passione contagiosa a Etsuko Izumi che mi ha inviato il documentario e il libro su Tsuruko Arai Haraguchi. Infine, senza Google e senza la disponibilità in rete di tanti documenti da siti universitari o tematici statunitensi avrei impiegato qualche decennio per arrivare alla stesura dell'indice.

Per la fase di revisione devo ringraziare Margherita Pera,

Daniela Guzzon e mia sorella Ivana Metitieri. A loro non solo devo le correzioni, i consigli, le critiche ma anche la fiducia e l'incitamento a portare a termine il libro. Margherita è stata, anche da lontano, una presenza vigile e complice.

È la storia di tanti intrecci, fin dal suo inizio, e spero continui a crearne per restituire memoria alle protagoniste e per infondere, attraverso il loro eroico esempio, forza e tenacia alle giovani generazioni di psicologi affinché non si stanchino di perseguire le proprie idee e ambizioni professionali

Per me è come una conversazione che continua e si allarga: a tale scopo, sono graditi commenti, informazioni o richieste, che possono essere inviati all'indirizzo: tolettaconchimografo1@gmail.com.

Buona lettura!

Mary Withon Calkins (1863 - 1930)

Association: An essay analytical and experimental, 1896

Association is the connection

of one object of consciousness

with a preceding memory-image

or sense impression.

Wilhelm Wundt

Calkins introduce la psicologia scientifica presso l'istituto universitario femminile Wellesley, affiliato all'Università di Harvard, dove, inizialmente assunta come insegnante di greco, tiene un corso di psicologia fisiologica e guida il laboratorio di psicologia sperimentale, *"per il particolare bisogno di combattere la nozione popolare che vede la psicologia come sinonimo di ipnotismo e telepatia"* (1892). Alle donne non è permesso frequentare le lezioni ad Harvard come studenti ufficiali, ma solo come uditori e in particolari occasioni. Calkins segue quindi come uditrice le lezioni, tra le quali quelle di William James e Hugo Münsterberg. Dalle discussioni con Edmund

Sanford nel 1890 e dai loro esperimenti sui sogni (decidono di svegliarsi ciascuno a ore diverse nella notte per annotare tutte le informazioni relative ai propri sogni), Calkins giunge alla conclusione che il sogno riproduce gli eventi, gli episodi e le percezioni delle persone. Affermando il primato dell'osservazione e del metodo sperimentale anche nello studio dei sogni, si contrappone alla teoria freudiana dei sogni, allora in auge.

Reagisce ai risultati pubblicati nel 1896 da Joseph Jastrow sulle differenze tra uomini e donne nella quantità e nel tipo di parole prodotte in una situazione sperimentale, replicandone gli esperimenti, smentendo le conclusioni e ritenendo *"futile e impossibile"* il tentativo di identificare *"i tratti mentali maschili e femminili"*, senza considerare e controllare minimamente il ruolo dell'ambiente sociale e culturale nella loro strutturazione, a partire dalla prima infanzia.

Nel 1894 la richiesta di Münsterberg alle autorità di Harvard affinché Calkins sia ammessa come candidata ufficiale al titolo di dottorato è respinta.

La tesi sperimentale "sull'associazione di idee",

comprensiva dei risultati di cinque anni di ricerche, è discussa da Calkins nel 1895, davanti alla commissione formata da Royce, Palmer, James, Santayana, Münsterberg e Hanus, in una sessione non ufficiale e non autorizzata. L'approvazione da parte della commissione è unanime ma, al comunicato inviato al Presidente di Harvard, non segue il riconoscimento ufficiale del Dottorato. La negazione del titolo si ripete nel 1927, alla richiesta inviata da 13 docenti, tra cui Woodworth, Yerkes e Thorndike. Solo dal 1963 l'Università di Harvard concederà il titolo di Dottore di ricerca anche alle donne.

Il metodo dell'associazione introdotto da Calkins costituisce uno degli strumenti fondamentali per lo studio dell'apprendimento e consiste nel presentare a un individuo coppie di stimoli – sillabe, numeri, parole – modulando la forza della loro associazione, affinché siano memorizzate. Tale metodo è ad esempio alla base dell'insegnamento di una nuova lingua. Titchener descrive il metodo nel suo manuale di Psicologia Sperimentale del 1902, senza fare riferimento all'autrice e neppure

Thorndike, che ridefinisce il metodo nel 1908, cita Calkins e i suoi studi.

L'obiettivo di Calkins è studiare sperimentalmente le proprietà dell'associazione, distinguendo tra *oggetti* – gli stimoli percepiti – e *contenuti* – le associazioni evocate dall'oggetto - della coscienza. Definisce l'associazione come una relazione osservabile tra oggetti e contenuti della coscienza presentati simultaneamente o in successione.

Association is the connection between objects or elements of consciousness (of which the second is not perceptual), assumed to be respecively identical with preceding objects, or elements, of consciousness which have stood to each other in a relation of simultaneity or of succession.

The condition that the second object of consciousness shall be representation, not percept, excludes from association not only the sequence of one percept upon another, or the intrusion of a presentation upon a train of thought, but also that combination of several present sense qualities into an object which Wundt calls fusion (Verschmelzung) and incorrectly enumerates under the head of association.

Il *'treno di pensiero'* rimanda – per *associazione* – a William James e ai suoi *Principi di Psicologia:* il sintagma letto è l'*oggetto* – l'indizio –, James è il *contenuto* – la parola critica rievocata. L'associazione non è casuale, dato che Calkins nel 1890 ha l'eccezionale opportunità di frequentare le lezioni di James all'Università di Harvard, di studiare approfonditamente i *Principi* freschi di stampa e di discuterli direttamente con l'autore.

La forza dell'associazione tra due oggetti o eventi è determinata da fattori intrinseci, come la somiglianza, o da fattori estrinseci, come la contiguità, come esemplificato nell'introduzione all'articolo.

Certain objects or events which are associated are connected in what we call their essential or inner nature, others are externally or accidentally related. Between 'love' and the 'star to every wandering bark'

15

there is more intimate relation than between the star and the sky; between Daniel Deronda and Michael Angelo's David ther is a subtler connection than that between the words and the paper on which they are written, or than that between the marble and the chisel.

Calkins supera le teorie associazioniste di Stuart Mill e Spencer, che ignorano la distinzione tra immagini percepite nel presente e immagini rievocate dal passato e considerano le idee come null'altro che immagini delle sensazioni.

But this is only the old Associationist fallacy. A present image is treated as identical with a past percept, whereas it is a new fact of consciousness.

Nonostante ritenga fondamentale e propedeutico lo studio della fisiologia, Calkins mette in guardia dal riduzionismo: la ricerca dei correlati fisiologici non dovrà essere scambiata per lo studio psicologico della natura dell'associazione, confusione nella quale incorrono anche *i più brillanti ed efficaci scritti psicologici.* Qui il riferimento è a James e a Baldwin.

> This observation of bodily reactions and the study of physiological correlates should never, however, be mistaken for a psychological analysis of the nature of association, though the confusion does actually occur in the midst of the most brilliant and most effective psychological writing.

All'introduzione teorica e metodologica segue la descrizione delle ricerche condotte.

Per studiare le quattro caratteristiche delle associazioni - frequenza, recenza, priorità e chiarezza - sono necessari a Calkins circa 2200 esperimenti con 17 soggetti, ciascuno dei quali partecipa a una media di 130 esperimenti che prevedono stimoli uditivi o visivi, questi ultimi presentati in successione o simultaneità.

Di seguito l'inizio della procedura per la serie di esperimenti con stimoli visivi in successione, che comprende prevalentemente coppie di 7-12 stimoli (lettere, numeri e colori):

[...] the subject, of whom two to eight were present at one time, sat before a white screen large enough to shield the conductor of the experiment. Through an opening, 10 cm. Square, a color was shown for four seconds, followed immediately by a numeral, usually black on a white ground, for the same time. After a pause of about eight seconds, during which the subject looked steadily at the white background, another color was shown, succeeded at once by a second numeral, each exposed for four seconds. The pause of eight seconds followed, and the series of 7, 10 or 12 pairs of quickly succeeding color and numeral was continued in the same way...

I risultati del complesso lavoro sperimentale dimostrano che la frequenza è la caratteristica in grado di stabilire le associazioni più forti.

Frequency has been the most constant condition of suggestibility. The proportion of the frequent as compared with the normal associations is one-tenth greater than that of the vivid or of the recent.

Per Calkins le implicazioni di tali risultati sono fondamentali, in quanto dimostrano che il ruolo della ripetizione è superiore alla rilevanza e alla recenza nel formare le associazioni.

Granted a sufficient number of repetitions, it seems possible to supplement, if not actually to supplant, association which have been formed through impressive or through recent experiences.

Il lavoro di Calkins si rintraccia in un manuale di psicologia scritto da Angela Massucco Costa (1962): "esperimenti di questo genere vanno molto più in là nel tempo, e si ricordano quelli della Whiton Calkins a riprova della scarsa differenza tra immagine ipotizzata e percezione, fin dagli anni del predominare, in America, della psicologia strutturale del Titchener, uno dei primi discepoli del Wundt".
In un articolo del 1992, Stephen Madigan e Ruth O'Hara

analizzano in modo approfondito i contributi diversi e fondamentali degli studi sperimentali di Calkins alla conoscenza della memoria a breve termine. Se è vero che Calkins non considera le implicazioni del suo metodo associativo per la memoria e fa scarso riferimento nelle sue pubblicazioni alle ricerche sulla memoria, studiando le caratteristiche dei processi di associazione individua però una serie di effetti sperimentali riscoperti molti anni dopo. Tra questi, ridefiniti nella terminologia attuale: gli effetti di modalità nella rievocazione immediata, gli effetti di recenza e l'influenza su di essi di eventi interferenti, gli effetti di priorità, di disapprendimento e di contingenza, fattori ormai imprescindibili nello studio della memoria immediata. Gli autori reclamano il riconoscimento a Calkins della scoperta delle curve di posizione seriale della memoria a breve termine, così come a Ebbinghaus è riconosciuta la curva dell'oblio.

A partire dal 1900 Calkins abbandona la psicologia sperimentale per dedicarsi alla psicologia del sé e alla filosofia. Creare e mantenere un laboratorio di psicologia sperimentale richiede uno spazio, dei fondi per acquistare gli strumenti di misura e i materiali, dei tecnici in grado di fabbricare un cronoscopio, uno stereoscopio e altri strumenti, avere l'opportunità di scambi e comunicazioni istituzionali. Neppure la possibilità di mantenere relazioni professionali è garantita, se si pensa che Titchener, continuatore dello strutturalismo iniziato con Wundt a Lipsia, fonda nel 1904 la Società degli psicologi sperimentali alla quale le donne non sono ammesse. Un anno dopo, nel 1905, succedendo nella carica a William James, Calkins è la prima donna presidente dell'*American Psychological Association*. Mantiene anche negli studi successivi l'approccio sperimentale e, nell'autobiografia (1930), richiama all'applicazione imperativa del metodo scientifico in psicologia: *"[...] a scientific pursuit of personalistic psychology is imperatively needed today for the grounding and the upbuilding of the still unsystematized and eclectic disciplines roughly grouped as the social sciences"*.

Dal 1909 riceve diversi riconoscimenti (tra questi la laurea honoris causa dalla Columbia University) e chiamate all'insegnamento universitario ma preferisce rimanere ad insegnare a Wellesley. Muore nel 1930.

Bibliografia

Madigan S., O'Hara R. Short-Term Memory at the Turn of the Century. Mary Whiton Calkins's Memory Research. *American Psychologist, 1992, 47: 170-174.*

Massucco Costa A. *La psicologia oggi.* Editori Riuniti, 1962.

Pubblicazioni di Mary Withon Calkins*

Calkins M.W. Association: An essay analytical and experimental. *Psychological Review Monograph Supplements, 1896, 1, (2).*

Calkins M.W. Experimental Psychology at Wellesley College. *American Journal of Psychology, 1892, 5, 464-271.*

Calkins M.W. Community of ideas of men and women. *Psychological Review, 1896, 3: 426-430.*

Calkins M.W. An introduction to psychology. MacMillan, 1901.

Calkins M.W. Autobiography of Mary Withon Calkins. In C. Murchison (Ed.). *History of psychology in autobiography (Vol. 1, pp. 31-62).* Clark University Press, 1930.

*Per la bibliografia estesa rimando a:

Mary Whiton Calkins, APA's first woman president

http://www.apa.org/pi/women/resources//newsletter/2011/03/mary-calkins.aspx

Edvige Benigni (? - ?)

Elementi di psicologia sperimentale positiva, 1900

Il concetto dell'anima è tutto qui:

la memoria confusa dei fatti psicologici sperimentati;

una specie di compenetrazione mentale,

in uno schema solo,

delle qualità e dei generi loro.

Roberto Ardigò

Di origini probabilmente umbre, Edvige Benigni è la prima donna a laurearsi in Medicina all'Università di Roma nel 1890. A lei seguono Marcellina Corio Viola nel 1894 e Maria Montessori nel 1896. Proprio nel 1896, un'indagine pubblicata sulla rivista *Illustrazione Popolare,* con lo scopo di sondare l'opinione pubblica rispetto alla carriera in medicina per le donne, raccoglie una grande opposizione (Povell 2010).

Benigni dedica il suo libro *Elementi di psicologia sperimentale positiva* a Guido Baccelli, medico, docente e politico, all'epoca ministro della pubblica istruzione.

Prima degli *Elementi* vengono pubblicati i *Principi di Psicologia* di Giuseppe Sergi nel 1873 e *La psicologia come scienza positiva* di Roberto Ardigò nel 1870 (Marhaba 1981). Il libro di Ardigò è proibito dalla chiesa cattolica e censurato dal segretario generale della Pubblica Istruzione per il suo naturalismo positivistico giudicato offensivo per le credenze comuni.

Nell'introduzione agli *Elementi*, Benigni è molto chiara sulla loro collocazione:

Egli è certo che l'Umanità, appena uscita dalla barbarie delle età litiche ed appena si era accorta di aver differenziato certe attitudini psicologiche, cadde sotto la tutela del sacerdozio, che dei fenomeni psichici fece ogni suo pro, sia per costruire i diversi sistemi di religione, sia per imporre la sua autorità sui popoli. L'esempio eloquente di tutta l'antichità è la più ampia dimostrazione sperimentale che mai si possa offrire. Il sacerdozio adunque monopolizzò tutto quanto si riferiva allo studio dei fenomeni della psiche, interdicendo a qualunque altro di frugarvi dentro se non entro limiti da esso tracciati, e perseguitando in ogni tempo e con ogni mezzo tutti quelli che avessero osato disobbedirgli.

Poi prosegue:

Ma per quanto il sacerdozio comprimesse, non poté fare che l'evoluzione del pensiero umano non seguisse il suo corso. E questa evoluzione dallo studio della natura nelle sue origini e nel suo sviluppo giunse ad invadere col suo sistema rigoroso di studio, col suo metodo sperimentale e con la sua induzione logicamente spietata, la soglia medesima del tempio, turbando dai secolari suoi riposi la stessa psicologia, divenuta già involontaria crisalide. La scienza positiva prese a maneggiarla, ed a furia di purgarla da tutto ciò che non era conforme alle leggi di natura, tanto la sfrondò che parve di averla uccisa al lume critico della ragione pura.

[…] Ma la scienza per sé non era ancora sodisfatta; lo spiritismo era un termine di conciliazione; inoltre egli era costretto a difendere il dualismo, la divisione dei due concetti di forza e materia; mentre la scienza vera ne faceva uno solo, era monista. Allora questa, non potendo derogare dalla sua legge fondamentale, dal concetto primordiale che tutti i fenomeni dipendono da trasformazioni del primitivo moto atomico, materializzò anche la causa di quelle fenomenologie che sembravano estranee alla sua investigazione, e dove altri invocò lo spirito immateriale, essa proclamò l'energia sostanziale. Materializzò lo spirito.

Benigni colloca la psicologia *"nel novero di tutte le altre scienze naturali"* e *"quindi le sue manifestazioni non escono dal primo dominio delle scienze naturali, al pari di ogni altro fenomeno della natura"*. Si distingue così da Roberto Ardigò, che mantiene il legame tra la psicologia e la filosofia, da Federico Kiesow che pone la psicologia come scienza intermedia tra la filosofia e le scienze naturali e da Giuseppe Sergi che assimila la psicologia alla biologia e all'antropologia.

Il volume è composto da:

una parte generale nella quale si tratterà della origine e della evoluzione degli organi e della psiche; ed una parte speciale che si occuperà particolarmente delle diverse funzioni psichiche.

Nella seconda parte degli *Elementi*, relativa ai diversi fenomeni psichici, l'autrice dedica un capitolo agli studi di psicofisica di quegli anni e alla loro esemplificazione:

La legge di Weber, per quanto dimostrata vera in tutte le sensazioni, non è già assoluta, ma relativa tra due estremi eccitatori per ciascuna sensazione. Oltre un dato limite superiore le sensazioni si accrescono assai più lentamente del logaritmo dell'eccitante, anzi si può arrivare ad un punto in cui ogni aumento di eccitazione non porta più alcuna modificazione sulla sensazione; e ciò che dicesi per il limite superiore, dicesi altresì per quello inferiore.

Riprende la teoria di Wundt sulla formazione delle idee e sulla differenza tra la percezione e le idee, alla luce del progredire degli studi fisiologici e dell'iniziale scontro tra le scuole sull'importanza attribuita all'esperienza:

Ora la distanza tra queste due scuole non è così grande come potrebbe parere a prima vista, ed Helmholtz seguendo le orme di Schopenhauer provò di colmarla, ammettendo che "l'origine delle idee dipende da una comprensione causale che ci determina a considerare gli oggetti come le cause esterne delle nostre impressioni". E su questo stesso fondamento il Wundt posò le basi della sua teoria.

Benigni riassume in sette punti i fondamenti anatomo-fisiologici dei fenomeni psichici, tra i quali:

1° - Le cellule cerebrali sono la sede delle idee.

2° - Sebbene il concetto delle localizzazioni sia modernamente alquanto diverso da quello dei primi loro tempi, pure è innegabile che certe zone del cervello si prestano preferentemente od esclusivamente al compimento di determinate funzioni.

3° - Qualunque sia la maniera di riproduzione o di accrescimento delle cellule cerebrali, sempre eguale in tutti i distretti, pure la loro funzionalità (sempre eguale nella sua essenza intima riguardo alla produzione delle idee) varia però nella maniera di rispondere alle eccitazioni sensoriali a seconda dei vari distretti cerebrali. [...]

4° - Dunque, sia che noi prendiamo gli organismi nella loro storia psicologica evolutiva, sia che noi prendiamo lo sviluppo proprio di un individuo o dell'uomo dall'embrione, abbiamo che, formate le prime cellule riguardo ad una data azione, esse hanno la potenzialità dinamica di indurre le cellule circonvicine a quella sfera medesima di azione. [...]

7° - [...] Dunque se vi è una base funzionale che sia la sintesi di tutte le funzioni di un organismo, vi ha altresì una base sostanziale che è la sintesi di tutti i movimenti di quel dato organismo. [...] La coscienza adunque è l'energia propria dello spirito.

Nel volume si può rintracciare anche una sintesi delle evidenze neuropsicologiche dell'epoca sugli effetti cognitivi e comportamentali delle lesioni cerebrali:

Il centro per la parola è nella parte posteriore della 3ª circonv. frontale di sinistra.

La distruzione dell'intera zona motrice porta paralisi completa della metà del corpo contraria, ma col tempo spariscono le paralisi di certi gruppi mantenendosi quelle di altre.

[...] Accenneremo qui ad altri principali disturbi affini all'afasia e che possono presentarsi anche associati ad essa, singolarmente o in più di uno. Essi consistono: 1° nell'agrafia, essa pure motoria o anamnestica, in cui gli infermi o non riescono a scrivere quello che loro si dice, o hanno dimenticato i simboli delle lettere ; e – 2° nell'alessia, che accompagna quasi sempre l'agrafia, in cui gli ammalati sono incapaci di leggere. [...] - 3° nell'amimia, essendo disturbati i movimenti mimici espressivi che si usano nel comune favellare, di guisa che gli ammalati se ne stanno apatici, o fanno il contrario di ciò che dovrebbero; p. es., negano piegando il capo innanzi; - 4° nell'aprassia, in cui si ha la perdita della conoscenza riguardo al valore degli oggetti. È uno stato analogo alla cecità psichica, in cui si vedono gli oggetti ma non se ne riconosce l'uso od il valore; di guisa che gli ammalati vedono, ad es., un coltello e lo adoperano ad uso di cucchiaio.

La definizione dell'attenzione di Benigni rievoca l'idea di filtro della coscienza formulata da William James nei *Principi di Psicologia* del 1890 e tradotti in italiano da Giulio Cesare Ferrari nel 1901:

[...] l'attenzione. Con essa la coscienza, rimanendo in una specie d'indifferenza per altre eccitazioni, si concentra quasi in un ordine d'idee rivolgendovi il maximum della sua energia.

Per James l'attenzione è "l'atto per cui la mente prende possesso, in chiare e vivide forme, di uno solo tra tanti oggetti o di un solo pensiero in un corso di pensieri, che si presentano simultaneamente possibili. La focalizzazione e la concentrazione della coscienza ne rappresentano l'essenza. Essa implica l'abbandono di alcune cose, allo scopo di trattare in modo più efficace con altre".

Un capitolo è dedicato alle ondulazioni eteree che alla

fine del XIX secolo rappresentano un'ipotesi di spiegazione fisiologica dei fenomeni psichici. Ad esempio, per Angelo Mosso: "Quelle ondulazioni non sono che la causa di dati movimenti del nervo ottico e di determinati centri cerebrali".

Sul magnetismo Benigni scrive:

> Così la fisio-psicologia può asserire ora, fermamente e sinceramente, che possediamo i mezzi per produrre nell'uomo sano o malato uno stato nervoso speciale, che si manifesta appunto mediante i fenomeni detti magnetici: ma non può nè deve asserir nulla intorno alla loro essenza intima. La fase scientifica del magnetismo animale comincia appunto quando se ne intraprende lo studio sperimentale, e quando il Braid (1842) per primo dimostrò che senza fluidi, senza la pretesa forza di volontà, senza influenze occulte, si potevano provocare negli individui predisposti i curiosi effetti fisiologici del magnetismo o sonnambulismo.

Infine, sullo *Spiritismo:*

Sarebbe troppo lungo l'intrattenerci a discutere ad uno ad uno ciascun fenomeno, e il fare una scelta tra le varie spiegazioni possibili. Ripetiamo qui col Richet che la "preuve formelle, irrécusable, que ce n'est pas une fraude... ou une illusion, fait défaut".

Il volume è interessante per i contenuti e per la forma schietta di scrittura e colloca l'autrice tra i positivisti riduzionisti della storia del pensiero scientifico.

Non sappiamo se Benigni esercitasse la professione medica o l'insegnamento. Lascia gli *Elementi* ma di lei non rimane quasi traccia nella memoria storica della psicologia.

Bibliografia

Marhaba S. *Lineamenti della psicologia italiana 1870-1945.* Giunti-Barbera, 1981.

Povell P. *Montessori comes to America: the leadership of Maria Montessori and Nancy McCormick Rambusch.* University Press of America, 2010.

Pubblicazioni di Edvige Benigni

Benigni E. *Elementi di psicologia sperimentale positiva*. Roux e Viarengo, 1900.

Benigni E. *Materialismo spirituale*. G. Balbi, 1898.

Tsuruko Arai Haraguchi (1886 - 1915)

Mental Fatigue, 1912

> Just as the science and art of agriculture
> depend upon chemistry and botany,
> so the art of education
> depends upon physiology and psychology.
>
> Edward L. Thorndike

5 giugno 1912: la grande marcia del Tannhäuser di Wagner accoglie gli studenti della Columbia University per la cerimonia di proclamazione e Tsuru Arai ritira il suo titolo di Dottore di ricerca, è la prima donna giapponese a conseguirlo. Un'altra cerimonia l'aspetterà più tardi: il matrimonio con Takejiro Haraguchi, studente giapponese laureato alla Facoltà teologica di Hartford e in procinto di trasferirsi in Europa, per un anno di studio nelle università tedesche.

Tsuruko Arai Haraguchi è la più giovane studente dell'Università femminile di Tokyo, fondata nel 1901 dall'illuminato pedagogo Jinzo Naruse, allievo di Stanley

Hall alla Clark University di Worcester. Tra i suoi docenti ci sono Matataro Matsumoto, che ha frequentato il primo laboratorio di psicologia sperimentale di Wilhelm Wundt a Lipsia, e Shozo Aso, che ha studiato al Teachers College della Columbia University e che, attraverso i contatti con Edward Thorndike, introduce Arai Haraguchi agli studi americani.

Nei quattro anni di studi universitari alla Columbia, come racconta in una lettera a Jinzo Naruse, Arai Haraguchi ha la supervisione di John Dewey e segue le lezioni di Paul Monroe sulla storia dell'educazione, di Thorndike sulla psicologia genetica e dell'educazione, di Cattell sulla psicologia sperimentale. Insieme a lei 14 studenti, tra loro solo due donne: Tsuruko e la cantante lirica Alma Webster Powell.

Al ritorno in Giappone con il marito, la sua vita scorre attivamente tra pubblicazioni, partecipazioni a conferenze e lezioni, tra le quali quella che tiene presso la sua Università sui *Metodi che tutti possono usare per misurare l'intelligenza del bambino.*

Ha due figli: Seichiro nel 1913 e Sayuri nel 1914.

La tesi di dottorato raccoglie gli esperimenti condotti da Arai Haraguchi per misurare gli effetti della fatica mentale sull'apprendimento. Per quattro giorni e per 12 ore al giorno continua a svolgere a mente moltiplicazioni a 4 cifre. Si ferma solo dopo ogni calcolo per annotare il tempo impiegato.

Nell'edizione del 1914 del suo libro *Educational Psychology*, Thorndike cita la tesi di Arai Haraguchi in sette pagine, sottolineando come nessun altro avesse mai condotto uno studio così difficile. Altri psicologi ne replicheranno successivamente gli esperimenti.

Il lavoro suscita molte discussioni anche durante il suo svolgimento e nei ringraziamenti della tesi l'autrice menziona Thorndike e Woodworth per la supervisione nella stesura del piano sperimentale, Cattell per i suoi consigli e il marito per l'assistenza nella presentazione dei risultati.

Nell'introduzione alla tesi Arai Haraguchi chiarisce che la distinzione fra fatica muscolare, sensoriale e mentale è arbitraria, in quanto ciascun individuo è un insieme organizzato, per cui al cambiamento in una delle parti del corpo si accompagna, in diversa misura, un cambiamento del tutto, proprio per via delle connessioni esistenti tra i diversi sistemi. È molto difficile che un'attività mentale non sia accompagnata da attivazioni sensoriali e muscolari.

The facts of fatigue are conveniently divided into muscular fatigue, sensory fatigue, and mental fatigue. That the division is an artificial one does not need any explanation, for the individual is an organic whole and a change in any part of the body is more or less accompanied by a change of the whole. Muscular and sensory activities are, as a rule, connected in various ways with the central nervous system. It is, moreover, very difficult to get mental activity which is entirely free from muscular and sensory accompaniments.

L'artificio è quindi sezionare solo uno degli aspetti dell'insieme per gli scopi della misurazione scientifica, che richiede la riduzione di un fenomeno a un certo numero di variabili.

Uno dei compiti utilizzati per misurare la fatica mentale e che Arai Haraguchi ritiene piuttosto libero da elementi sensoriali e muscolari è il calcolo a mente.

Un esempio dall'Esperimento 1:

> The particular function tested was that exercised in mental multiplication of pairs of numbers like 2645 8324 7954 5438 5784, 7384, 3528 and 2347. About one thousand different combinations of figures were used.

La fatica mentale fino ad allora è stata studiata in base agli effetti sulle funzioni organiche, la forza muscolare, i tempi di reazione, le risposte cutanee e l'efficienza dei processi mentali.

Tali studi, però, presentano limitazioni metodologiche nel riportare i cambiamenti nel metabolismo, indotti dalla fatica mentale:

Their results, however, are of little value to us because they did not report carefully the amount and nature of the mental work done.

Tra gli autori che hanno studiato approfonditamente la fatica mentale sulla forza motoria e sui tempi di reazione, Arai Haraguchi cita Angelo Mosso, "*il primo a correlare in un esperimento la fatica mentale con l'efficienza motoria*" e a dimostrare con il suo ergografo che il lavoro mentale riduce l'efficienza della contrazione muscolare. Con *fatica mentale* Arai Haraguchi intende l'effetto distruttivo e sfavorevole che il lavoro mentale continuo produce sui processi mentali.

To make the aim of the investigation clear, it is important that we should define the term mental fatigue. By mental fatigue, we mean the unfavorable and destructive effect which continuous mental work produces on mental functions.

Nei suoi esperimenti l'autrice analizza gli effetti della fatica mentale su alcuni processi fisiologici, sul senso di affaticamento e sull'efficienza intellettiva.

Per quanto riguarda gli aspetti fisiologici, registra la frequenza cardiaca al polso – per la quale le evidenze scientifiche fino ad allora sono contraddittorie - e la temperatura corporea che, come altri autori hanno dimostrato, dovrebbe aumentare in corso di fatica.

Per quanto riguarda il senso di fatica, Kraepelin, Thorndike e altri non hanno osservato una relazione con la riduzione dell'efficienza mentale. Per misurarne l'effetto, Arai Haraguchi considera la direzione e l'ammontare del cambiamento nel senso di fatica durante il lavoro mentale, la correlazione tra il senso di fatica e l'efficienza mentale, infine le correlazioni tra i cambiamenti nelle due variabili – senso di fatica ed efficienza mentale, durante il lavoro mentale continuativo.

All'introduzione teorica e alla descrizione metodologica segue la descrizione degli esperimenti (I-IV). Di seguito sono descritte le caratteristiche dell'esperimento II, durato 78 giorni.

Experiment II. The purpose of this experiment was to investigate the influence of general mental work on the special mental and physical functions, and the relation of one function to the other. For this purpose, the differences between the morning and the evening efficiencies, (1) in memorizing German equivalents of English words, (2) in doing mental multiplication, and (3) in pulse and feeling were measured. Their direction and degree according to the varying duration of mental work were then worked out. The subject of the experiment was the writer herself. The experiment covered seventy-eight days between February the first and the end of June.

Assieme ad altri esperimenti in cui sono coinvolti come soggetti anche degli studenti universitari, Arai Haraguchi arriva a quattro conclusioni generali:
1. La fatica mentale riduce la frequenza cardiaca al polso e questo decremento è associato alla riduzione di efficienza durante i vari compiti, mentre i risultati sulla temperatura corporea non sono univoci.

[...] there is a decrease of pulse rate as a result of continuous mental work which decrease is positively, though slightly, related to decreases in efficiency of the various mental functions tested. We are unable to draw any conclusions from the results obtained from our observations on body temperature during mental work.

2. Il senso di fatica appare lievemente correlato allo stato di inefficienza mentale.

From these facts, we conclude that the feeling of fatigue is somewhat, though far from perfectly, correlated with the state of mental inefficiency.

3. Il lavoro mentale generale riduce l'efficienza di funzioni mentali specifiche.

General mental work decreases the efficiency of special mental functions. Fatigue and its transferred fatigue are, as a rule, correlated, though the correlation is very low.

4. Esistono rilevanti differenze individuali nelle misure di fatica mentale.

We find great individual differences in the susceptibility to fatigue. As a rule, the more competent people are less affected by fatigue.

Dopo oltre 100 anni di studi, la fatica mentale continua ad essere argomento dibattuto da diverse discipline (psicologia, medicina, epidemiologia, neurofisiologia,...) e in diversi settori (clinica, sport, guida, educazione,...). Oggi si possono contare decine di migliaia di articoli scientifici e diverse centinaia di libri che hanno avuto un incremento negli ultimi venti anni, dovuto a un rinnovato interesse applicativo più che sperimentale. Attualmente la fatica mentale viene affrontata prevalentemente come sintomo e come malattia. Per Robert Hockey (2013) la fatica (mentale, fisica e sonnolenza) ha una funzione adattiva e, pur interferendo nelle diverse attività alle quali toglie risorse, rende consapevoli dei costi di ciascuna attività, dei bisogni e delle opzioni alternative. Si rifà, in questa concettualizzazione, più alle definizioni di Thorndike e di Cattell che riconoscono l'importanza della percezione soggettiva di fatica, che a quelle successive agli anni '40 del secolo scorso che interpretano la fatica come il risultato di conflitti e frustrazioni. Hockey cita la tesi di Arai Haraguchi come il più imponente tra gli studi eroici, condotti quasi sempre dal solo sperimentatore, per studiare l'effetto dell'attività sulla fatica. Tale effetto si riduce con il tempo, mostrando così un effetto della pratica.

Nel 1914 Arai Haraguchi pubblica il libro *Uno studio sperimentale sul lavoro mentale e la fatica*, che comprende nella seconda parte la sua tesi di dottorato e nella prima parte un'ampia revisione della letteratura scientifica. Nel 1915 pubblica l'articolo *Fatica reale e fatica percepita* su *'Shinri Kenkyu'*, la prima rivista giapponese di psicologia, fondata nel 1912.

La sua è una vita breve: colpita da tubercolosi nel 1913, peggiora gradualmente e muore il 26 settembre 1915 in una località di mare nella penisola di Izu.

Il suo ultimo lavoro è la traduzione giapponese - pubblicata postuma nel 1915 - del libro di Francis Galton, *Hereditary Genius*.

Bibliografia

Hockey R. *The Psychology of Fatigue. Work, Effort and Control.* Cambridge University Press, 2013.

Izumi E. *Psychologist Tsuruko Haraguchi. Memories of Her Days at Columbia Univ. In the Early 1900s.* The life of Tsuruko Haraguchi [Documentario]. Tessplanning, 2007.

Jenkins A. Profile of Tsuruko Haraguchi. In A. Rutherford (Ed.), *Psychology's Feminist Voices Multimedia Internet Archive*, 2013. Retrieved from http://www.feministvoices.com /tsuruko-haraguchi/

Kamei Y. *In America, 1907-1912. A memoir of Tsuruko Haraguchi. Translation of selected sections from Tsuruko Haraguchi's Tanoshiki Omoide (My Happy Memories)*. Tayasu Seihon, 2007.

Pubblicazioni di Tsuruko Arai Haraguchi

Arai T. *Mental fatigue*. Unpublished doctoral dissertation, Teachers College, Columbia University, 1912.

Haraguchi T. *Shinteki sagyo oyobi hirou no kenkyu* [Studies on Mental Work and Fatigue]. Hokubunkan, 1914.

Haraguchi T. *Tanoshiki omoide [Happy Memories]*. Shunjusha-Shoten, 1915.

Galton F., translated by Haraguchi T. *Tensai to iden [Hereditary Genius]*. Waseda-Daigaku-Shuppankai, 1916.

Zoraide Delestré-Casaltoli (? - ?)

Il riso nell'infanzia.

Studio anatomico e fisio-psicologico corredato di

fotografie originali, 1915

Le rire n'est qu'une expression,

un symptome, un diagnostic.

Baudelaire

Insegnante di scuola elementare, Zoraide Delestré-Casaltoli è l'autrice del primo libro pubblicato in italiano sul riso nell'infanzia. Il volumetto, diviso in due parti, comprende nella prima un'accurata revisione della letteratura scientifica e filosofica sull'argomento e nella seconda alcune descrizioni aneddotiche sui bambini osservati.

Il riso, dai primi mesi ai primi anni di vita, viene analizzato negli aspetti fisiologici e psicologici, nello sviluppo normale e patologico. I contesti descritti sono sempre ecologici: la casa, la scuola, l'Istituto Umberto I per fanciulli tardivi fondato a Firenze nel 1899 e l'Ospedale Meyer ("*l'ospedaletto Mayer*"), inaugurato a Firenze nel 1891. Tra i bambini osservati ci sono anche Mila e Carlo, i due figli di Delestré-Casaltoli. Non si tratta di uno studio sperimentale effettuato in laboratorio, che sarebbe stato molto difficile per l'epoca, né di un'osservazione strutturata e sistematica delle cause e delle manifestazioni del riso, tuttavia, rappresenta un primo importante contributo su un argomento poco esplorato dagli scienziati dell'epoca.

È da tenere conto che solo di recente la tecnologia ha fornito quelle procedure controllate che facilitano la verifica sperimentale di osservazioni pionieristiche: l'analisi delle registrazioni video, la presentazione controllata di stimoli sensoriali, la misurazione oggettiva delle risposte fisiologiche e comportamentali. A tale scopo, in alcuni istituti universitari, sono sorti dei veri e propri baby-laboratori.

Il libro è impreziosito dalla prefazione di Francesco De Sarlo, fondatore del primo laboratorio di psicologia sperimentale italiano, inaugurato a Firenze nel 1904.

De Sarlo evidenzia i meriti e le debolezze di un lavoro coraggioso: "Permetta che io mi rallegri vivamente con Lei non solo per il coraggio che ha avuto nell'affrontare uno dei problemi più interessanti e difficili della Psicofisiologia, ma anche per l'amore, la diligenza e lo zelo con cui l'ha trattato. Certo Ella, intelligente ed acuta com'è, non ha la pretesa di avere esaurito l'argomento; è Suo merito però quello di avere mostrato che vi è un campo molto promettente da dissodare, una lacuna nelle ricerche psicologiche da colmare, e di aver recato un contributo, modesto ma preciso, alla conoscenza di un determinato fenomeno psichico, facendone la descrizione e l'analisi con metodo esatto e sicuro".

Nell'introduzione, l'autrice richiama all'importanza dello studio scientifico dello sviluppo psicologico del bambino:

Fino dai tempi più remoti l'uomo ha tenuto il fanciullo presso di sé, gli ha dedicato la parte migliore della sua energia e ne ha subito il fascino potente. Anche se ci riportiamo agli antichi tempi dei greci e dei romani, se diamo una scorsa alla letteratura antica, dobbiamo riconoscere che il culto dell'infanzia non è un'invenzione moderna.

Ma non è la sola ammirazione che noi dovremmo avere per l'infanzia, non un solo interesse sentimentale e poetico. Lo scienziato inglese Sully dimostra che il bambino dovrebbe essere oggetto di studio speciale dal punto di vista scientifico, poiché abbiamo bisogno di sapere ciò che si compie nei primi anni della vita umana, anni assolutamente decisivi.

I tempi non sono maturi per uno studio sistematico dello sviluppo cognitivo fin dai primi giorni di vita, a causa dei limiti di un'osservazione ancora grossolana.

Ma per quanto si riconosca l'importanza di tale studio, il bambino è ancora conosciuto parzialmente poiché, per penetrare la sua vita interna, i suoi pensieri divertenti, le sue gravi meditazioni sul mistero delle cose, la sua attitudine in faccia al cangiante spettacolo del mondo, è necessario perfezionare molto il metodo d'osservazione e d'interpretazione.

Certi fenomeni della vita intellettuale del bambino, anche dal punto di vista puramente fisico e visibile, sono così sottili e fuggitivi che occorre un talento d'osservazione delicatissimo per poterli cogliere a volo. Difficoltà enormi vi sono per dare una giusta interpretazione alle prime manifestazioni relativamente semplici dell'intelligenza.

Delestré-Casaltoli spiega i molteplici motivi dell'interesse per un argomento ancora poco esplorato dagli scienziati dell'epoca:

[...] il riso nel bambino; fenomeno importante, perché può essere un indice assai sicuro dello stato della sua psiche e perché è il prodotto delle sue condizioni fisiche, intellettuali e morali; difficile, perché non può essere spiegato basandosi solo sulle apparenze.

Il riso è un atto molto complesso, che, può dirsi, nasce quasi colla nascita del fanciullo; atto completamente naturale, non volontario, dovuto a cause molteplici che variano da individuo a individuo.

Di tutti i gesti delicati del viso, il riso è uno dei meno conosciuti, per quanto venga comunemente considerato come la manifestazione della gioia e del piacere.

Soprattutto, gli studi fino ad allora disponibili (l'autrice cita Darwin, Charcot, Pierret e altri autori) analizzano il riso negli adulti e solo un lavoro riguarda i bambini:

Va osservato però che questi scienziati studiarono il riso negli adulti, non considerandolo nei bambini; per ciò che riguarda il riso nell'infanzia posso citare solo l'eccellente inchiesta di Stanley Hall e Arthur Allin, studio di data recente.

Stanley Hall e Arthur Allin pubblicano infatti nel 1897, sull'American Journal of Psychology, un articolo dal titolo *The psychology of tickling, laughing and the comic* che presenta i risultati di una corposa indagine condotta su circa 3000 soggetti attraverso un questionario. Con 11 domande gli autori indagano gli aspetti fisici, i fattori scatenanti come il solletico, i versi degli animali, gli scherzi e altre caratteristiche della risata del bambino e dell'adulto in diverse situazioni. Una delle conclusioni a cui giungono è che ridere dovrebbe essere uno dei diritti fondamentali per un bambino: "Certain, it seems, although this paper is so preliminary and tentative, that hearty laughing is a good thing for children, and might be listed among their inalienable rights".

Come espresso nel sottotitolo del libro, lo studio del riso per Delestré-Casaltoli deve necessariamente rivolgersi alla complessità dei suoi aspetti psicologici, fisiologici e anatomici e, in certe condizioni, assume un valore diagnostico:

Il riso è un fenomeno affettivo. Come tutte le emozioni è connesso ad un numero grandissimo di movimenti e può essere definito, dal punto di vista fisiologico, un processo motore. Fra tutti i movimenti, i più importanti si rapportano alla respirazione; ogni emozione ha il suo ritmo respiratorio; come nella meraviglia e nell'attesa la respirazione è sospesa o rallentata, nella gioia, al contrario, essa si compie molto più ampiamente. Il riso è, come la tosse, un singulto, una crisi respiratoria a forma esplosiva, spasmodica, con espirazioni ed inspirazioni rapide, violente, brusche e intermittenti.

Considerato come processo motore, il riso è un fenomeno complesso che traversa due fasi: l'una premonitrice, che è l'arresto o la sospensione della funzione respiratoria; l'altra essenziale, caratteristica, che è la ripresa violenta di questa funzione.

Quanto alle condizioni che producono il riso sono quelle che producono la rottura dell'equilibrio emozionale o mentale; vi sono condizioni oggettive e soggettive, ma le prime sono in un senso le più importanti, come apportatrici del maggior numero di circostanze impreviste.

Inoltre, il riso può fornire un'indicazione sulle caratteristiche di personalità dell'individuo oppure un segno patologico, come nella risata delle crisi epilettiche gelastiche o nel riso spastico di alcune malattie neurologiche e psichiatriche:

Il riso è sempre impulsivo: da ciò ha la sua importanza come mezzo diagnostico morale. Tutto è naturale nel riso, perché tutto è spontaneo, tutto è significativo e parlante. Il riso è una marca affettiva, una risonanza d'anima che rivela la diversità dei temperamenti, la loro originalità, esprime la natura della coscienza impulsiva, l'adesione istintiva che lo spirito dà alle idee o immagini e la selezione che stabilisce tra queste idee.

[...] il riso sopravviene sovente nel corso di certe malattie come fenomeno proprio di quelle malattie stesse. Il malato però ride suo malgrado e spesso senza averne coscienza, come si può vedere nelle diverse forme di delirio e nelle malattie convulsive. A volte il riso patologico non si mostra che da un solo lato della faccia,... Vi è uno stato patologico dell'infanzia che è messo in rilievo da un riso speciale; tale riso è un eccellente segno premonitore dell'estensione più o meno prossima della malattia ai muscoli delle membra e del tronco. Si tratta di una malattia che è stata molto studiata dallo scienziato Duchenne De Boulogne: dell'atrofia muscolare dell'infanzia.

Delestré-Casaltoli descrive le tappe dello sviluppo del sorriso fin dai primi giorni di vita:

Il neonato non ha ancora i gran zigomatici sufficientemente sviluppati onde contraendosi produrre il riso; il suo occhio ancora cieco non può percepire la luce; dei muscoli che circondano l'apertura boccale egli non ha sviluppato che quelli indispensabili alla sua vita fisica, quelli cioè che gli permettono di succhiare. Le prime manifestazioni dei muscoli mimici del neonato sono delle espressioni dolorose che possono apparire pochissimo tempo dopo la nascita....

Ma il bambino va soggetto ad un notevole sviluppo di tutte le sue attività, e, se fino a due mesi noi non vediamo in lui che un piccolo essere che ride solo incoscientemente, per lo stato di benessere in cui si trova o perché lo si eccita, a quattro e cinque mesi egli ride effettivamente.

Proviamo infatti a solleticarlo come quando aveva due mesi; allora egli sorrideva, adesso egli ride poiché la contrazione della bocca è accompagnata da quei suoni che caratterizzano il riso.

Le conoscenze attuali, che derivano da numerosi studi osservazionali e sperimentali, hanno permesso agli psicologi di definire le diverse tappe nello sviluppo del sorriso. Nel neonato, il sorriso ha un'origine riflessa endogena derivante da eventi fisiologici e coinvolge solo gli angoli della bocca, che si contraggono. A 2-3 settimane il sorriso riflesso diventa esogeno, in risposta a stimolazioni esterne uditive e tattili, come determinati suoni o dei massaggi sulla pancia. Nelle settimane successive il sorriso è un segnale di attenzione che il bambino produce quando è ben sveglio, in risposta a stimoli visivi, uditivi o tattili. Tra le 6-8 settimane emerge il sorriso sociale, in risposta al volto o al suono della voce della mamma e del papà. Il sorriso sociale coinvolge tutto il viso del bambino: la bocca, le guance, gli occhi. Dalle 10 settimane il sorriso diventa strumentale ed è prodotto dal bambino con uno scopo, ad esempio ottenere il sorriso dei genitori e comincia a stabilirsi come rinforzo sociale. Intorno ai 4 mesi si osserva la risata del bambino in risposta alla stimolazione tattile, ad esempio il solletico e dai 6 mesi in risposta alla stimolazione visiva, uditiva e sociale.

Nelle conclusioni al suo libro Delestré-Casaltoli fa riferimento anche alla funzione educativa del riso, in quanto facilita gli apprendimenti e l'adattamento ai contesti sociali, oltre ad essere una vera e propria ginnastica:

> Non voglio lasciare l'argomento del riso senza accennare alla sua importanza come mezzo educativo. […] Il riso è anzitutto un buon mezzo di educazione fisica, e per comprendere questo basta pensare al lavoro muscolare che avviene durante l'accesso, alle larghe inspirazioni che si compiono, alla maggiore vivacità della circolazione e di tutte le altre funzioni.

I temi affrontati da Zoraide Delestré-Casaltoli nel 1915 restano attuali per la ricerca sullo sviluppo del sorriso e del riso nell'infanzia. Quello che all'epoca è espresso come ipotesi di studio, osservazione o interpretazione in base ai dati grezzi disponibili, viene attualmente studiato con sofisticate procedure sperimentali.

Questo è quanto scrive l'autrice, ad esempio, su quello che oggi gli psicologi definiscono in termini di percezione dell'umore altrui o di contagio emotivo:

Anche il temperamento delle persone colle quali il bambino convive agisce molto sulla sua indole: i bambini che vivono in mezzo a persone gaie, serene, che s'interessano ai loro giuochi, crescono gai, sereni, proclivi alla gioia; ma quelli che sono circondati da persone sempre serie, brontolone, che non si abbassano mai al loro livello, diventano silenziosi, chiusi in sè stessi, non ridono quasi mai, temendo che le loro risate innocenti possano cagionare la severità altrui.

Queste sono le più recenti e analoghe conclusioni dello

studio condotto da Mireault e colleghi nel 2015 con bambini di 5 e 7 mesi, osservati in diverse condizioni, in presenza di un genitore: "infants smiled and laughed significantly more often, longer, and sooner when parents provided humor cues, an effect that increased with age". I bambini ridono di più se sollecitati positivamente da un genitore ma, a partire dai 7 mesi, tendono a modulare il riso e ad adattarlo alla situazione, riducendone la frequenza, se percepiscono un umore negativo.

Il contesto socio-emozionale è, quindi, davvero fondamentale fin dal primo anno di vita per il normale sviluppo di emozioni e reazioni positive.

Non ci sono tracce della vita e del lavoro successivo di Delestré-Casaltoli.

Bibliografia

Hall S., Allin A. The Psychology of Tickling, Laughing and the Comic. *American Journal of Psychology, 1897, IX, 1/S: 1-41*.

Mireault G.C., Crockenberg S.C., Sparrow J.E., Cousineau K., Pettinato C., Woodard K. Laughing matters: Infant humor in the context of parental affect. *Journal of Experimental Child Psychology, 2015, 136:30-41.*

Pubblicazioni di Zoraide Delestré-Casaltoli

Delestré-Casaltoli Z. *Il riso nell'infanzia. Studio anatomico e fisio-psicologico corredato di fotografie originali.* Bemporad, 1915.

Anna Meyer Berliner (1888 – 1977)

The influence of mental work on the visual

memory image, 1918

The systematic results obtained in imagery experiments
convinced researchers that there was something
to the claim that humans have 'mental images'.

Stephen M. Kosslyn

Anna Meyer Berliner studia medicina all'Università di
Friburgo e frequenta il laboratorio di psicologia di
Berlino. Quando il marito, il fisico Sigfrid Berliner, viene
chiamato ad insegnare all'Università di Lipsia, lei lo
segue. Nella città ideale per ogni psicologo dell'epoca,
inizia a seguire lezioni e seminari, fino ad arrivare al
primo laboratorio di psicologia sperimentale fondato
proprio a Lipsia: è l'unica donna ad accedervi e a
conseguire il Dottorato di ricerca con Wilhelm Wundt nel
1913, con una tesi su *"soggettività e oggettività delle
sensazioni"* (Berliner, 1914).

Dal 1914 iniziano i numerosi trasferimenti, prima in Giappone dove Meyer Berliner lavora all'ospedale psichiatrico dell'università imperiale di Tokyo, poi negli Stati Uniti, dove lavora prima a Berkeley con George M. Stratton e poi alla Columbia University di New York con Robert Woodworth e James Cattell. Tornata in Giappone nel 1921, vi resta dieci anni, dividendosi tra insegnamento universitario e sviluppo di test psicometrici per le aziende, dando un contributo anche alla nascita della psicologia applicata. Il ritorno dei Berliner in Germania dura solo alcuni anni e nel 1936 i coniugi partono definitivamente per gli Stati Uniti per sfuggire alle persecuzioni naziste contro gli ebrei. Meyer Berliner intraprende, in collaborazione con la Scuola di Optometria, una serie di ricerche sugli aspetti fisiologici e psicologici della percezione visiva e continua l'insegnamento alla Pacific University in Oregon. Il suo contributo alla psicologia è ampio e corposo: dalla psicologia sperimentale, alla psicologia della percezione visiva, alla psicologia dello sviluppo, alla psicologia applicata e della pubblicità.

Nell'articolo *The influence of mental work on the visual memory image* descrive gli esperimenti condotti su un argomento all'epoca molto dibattuto tra filosofi e psicologi: le immagini mentali. In particolare, il suo obiettivo è quello di misurare le variazioni delle caratteristiche delle immagini mentali in diverse condizioni e di identificare i fattori dell'immagine più sensibili alle manipolazioni sperimentali.

Gli esperimenti sono suddivisi in due serie, nella prima serie vengono confrontate le immagini mentali evocate all'inizio e alla fine della giornata:

> The problem is the comparison of the mental image in the morning and at night. The experiments were made before the observer started his mental work or a short time after starting, and were repeated after a day's mental work. One morning experiment and one night experiment were always made on the same day.

L'immagine mentale non è creata spontaneamente dal soggetto, ma è indotta attraverso la presentazione di disegni per tempi molto brevi. Dopo la presentazione del disegno, il soggetto chiude gli occhi, per evitare l'effetto post-immagine, e viene distratto per trenta secondi dall'esaminatore. Al via dell'esaminatore *"Cerca di ricordarla ora"*, il soggetto segnala di visualizzare il disegno premendo un tasto, la risposta è registrata con un chimografo e il tempo con un metronomo.

A certain drawing was exposed five seconds. Then the observer closed his eyes and waited thirty seconds in order to avoid after-images of the drawing and of stimuli which might excite him by chance. The observer was told not to think of the picture during the thirty seconds. The experimenter generally tried to distract him by inquiring about the work the observer had done before the experiment. At the end of the thirty seconds the signal "Try to call it up now," was given. [...] As soon as he [the observer] succeeded in seeing it, he pressed a key. The pressing and releasing of the key was recorded by a pointer on a kimograph. Time was measured by a metronome.

Un'immagine evocata da una traccia presente nella memoria visiva può essere meglio controllata dall'esaminatore che, all'inizio dell'esperimento, si accerta che il soggetto visualizzi l'immagine e non pensi ad essa in termini descrittivi.

The first time the instruction was given the experimenter asked if the observer was able to distinguish between thinking of the image and seeing it.

Gli esperimenti condotti da Berliner su otto soggetti dimostrano che il tempo di mantenimento per ciascun soggetto e la durata di una singola immagine mentale sono le variabili più sensibili alle manipolazioni sperimentali. Tali variabili tendono ad essere più lunghe per le osservazioni del mattino rispetto a quelle della sera, dopo una giornata di attività.

1. The time an observer can keep a mental image during a certain period is longer in the morning than at night.

2. The duration of a single image is longer in the morning than at night.

3. The number of images aroused during a certain period tends only very slightly to be larger in the morning than at night.

4. The time required to call up the first mental image tends only very slightly to be larger at night than in the morning.

Osservazione dopo osservazione, si verifica anche un effetto negativo della pratica sulla visualizzazione dell'immagine, che risulta via via più deteriorata:

> [...] the mental image deteriorates with practice. [...] the more an observer occupies himself with mental imagery the harder he finds it to call up a satisfactory image.

Nella seconda serie di esperimenti le variazioni nella visualizzazione delle immagini mentali sono misurate prima e dopo un breve intervallo di attività mentale:

Second Series: The problem here is the comparison of the visual memory image before and after a short time of intensive mental work. The intensive work consists in adding after Starch's method.

Al soggetto viene detto un numero di due cifre al quale deve aggiungere progressivamente 6, 7, 8 e 9 il più velocemente possibile.

[...] we compare the observations before and after the adding instead of those in the morning and at night.

I risultati confermano quelli della prima serie di esperimenti: sono il tempo di mantenimento e la durata media di una singola immagine a essere più lunghi prima dell'attività di calcolo mentale, mentre il numero di immagini e il tempo che intercorre fino all'inizio della visualizzazione tendono a non essere molto diversi per le immagini mentali evocate prima e dopo l'attività.

1. The time the images are kept during one observation is longer before than after the work.

2. The average duration of the single image is longer before than after the work.

3. The number of images tends only very slightly to be larger before than after the work.

4. The time for the arousal of the first image is in one case much shorter before than after the work; in the other case it is not influenced at all by the work.

La conclusione generale è, quindi, che l'attività mentale condiziona l'immagine mentale:

[…] mental work tends to vitiate the visual memory image.

Roeckelein (2004) ripercorre la storia degli studi sulle immagini mentali a partire dalle origini, dalla disputa "premoderna" tra filosofi e psicologi, tra le più razionali concettualizzazioni teoriche e l'entusiasmante rigore sperimentale. Per tutta la prima metà del 1900 gli psicologi analizzano il tema, definito da Block nel 1981 come uno degli "argomenti più caldi della psicologia cognitiva" e basato su "uno spettacolare corpo di esperimenti". Nella dettagliata trattazione della prima fase degli studi, Rockelein descrive anche le variazioni nelle caratteristiche delle immagini mentali dimostrate dagli esperimenti di Meyer Berliner. Nel seguito, racconta, in dettaglio e con ampi riferimenti, l'evoluzione del dibattito sulle immagini mentali, che resta ancora molto acceso tra gli psicologi cognitivisti.

Anna Meyer Berliner esplora diversi ambiti della psicologia e attraversa, studiandole, diverse culture, pubblicando i risultati delle sue ricerche e continuando sempre l'insegnamento universitario anche in tarda età, come professore emerito. Affronta valorosamente le più grandi tragedie della sua epoca e nel suo curriculum del 1940 scrive: *"Le interruzioni nella cronologia delle esperienze professionali sono dovute a due guerre, una rivoluzione, un terremoto giapponese e all'attività di ricerca"*.

Muore a 88 anni nel 1977, assassinata nella sua casa di

Forest Grove, in Oregon, da uno studente di 16 anni, William James Watkins Jr., durante l'esito tragico di una rapina. Appare ancora più atroce l'aggressione da parte di un ragazzo, se si pensa che Meyer Berliner nel corso della sua carriera accademica statunitense contribuisce economicamente, in forma anonima, agli studi universitari di diversi studenti.

Lascia la sua eredità all'Università Pacific in Oregon e all'Università di Göttingen in Germania. Tra i suoi beni c'è anche il risarcimento da parte della Repubblica Democratica Tedesca per le proprietà requisite dai nazisti alla famiglia Meyer Berliner.

Bibliografia

Ball L. Profile of Anna Berliner. In A. Rutherford (Ed.), *Psychology's Feminist Voices Multimedia Internet Archive*, 2010. Retrieved from http://www.feministvoices.com/anna-berliner/

Roeckelein J.E. *Imagery in Psychology: A Reference Guide*. Praeger, 2004.

Pubblicazioni di Anna Meyer Berliner*

Berliner A. The influence of mental work on the mental image. *American Journal of Psychology, 1918, 29: 355-370*.

Berliner A. *Subjektivität und Objektivität von Sinneseindrücken*. Engelmann, 1914.

Berliner A. Aesthetic judgements of school children. *Journal of Applied Psychology, 1918, 2: 229-242*.

Berliner A. *The importance of ranking methods for advertising*. Shinrigaka, 1923.

Berliner A. *Der Teekult in Japan*. Schindler, Verlag der Asia Major, 1930.

Berliner A. *Lectures on visual psychology*. Professional Press, 1948.

Berliner A. The Rorschach determinant in terms of visual psychology. *The Optometric Weekly, 1955, 46: 13-20* .

*Per la bibliografia estesa rimando a Kindermann T.A., Guthrie G.D., Wesley F. Anna Berliner, Wilhelm Wundts einzige Studentin. *Psychologie und Geschichte, 1993, 4 (413): 263-272*.

Leta Anna Stetter Hollingworth (1886 - 1939)
Gifted Children: Their Nature and Nurture, 1926

> Nothing is so great a service, nothing so great a gift,
> as to give another an opportunity for a task worth while
> and the achievement of that success
> which comes in the doing.
> William H. Burnham

Leta Anna Stetter intraprende a 16 anni gli studi all'Università del Nebraska, dove si laurea a 19 anni. Negli anni successivi lavora come insegnante. L'incontro con il suo ex compagno di studi, lo psicologo Harry Hollingworth, la porta a New York, dove si sposano nel 1908.

Nel 1913 si perfeziona in educazione alla Columbia University e inizia a lavorare in un istituto per disabili come psicologa clinica, somministrando test psicometrici. Nel 1916 consegue il dottorato di ricerca. Nel 1930 le viene conferita la docenza alla Columbia. Per il complesso delle sue ricerche e per le numerose opere pubblicate merita "un posto tra gli eminenti psicologi del suo tempo" (Poffenberger 1940).

Stetter Hollingworth si dedica con rigore e passione a tre ambiti di ricerca. Il primo riguarda un'intensa attività clinica di diagnosi della disabilità mentale. L'interesse e la dedizione per la misurazione dei deficit cognitivi la porta a prendere posizione sul fatto che debbano essere gli psicologi clinici a somministrare e a interpretare i test. Con il suo impegno, contribuisce a una più efficiente organizzazione professionale e ad aumentare i requisiti per gli psicometristi delle università e del servizio pubblico. In questo primo periodo Stetter Hollingworth studia anche le differenze tra maschi e femmine nell'accesso ai servizi: una ragazza deve avere una disabilità molto più grave rispetto a un ragazzo affinché la famiglia richieda un esame diagnostico e l'assistenza sociale. Contemporaneamente, Stetter Hollingworth approfondisce la letteratura sulle differenze di genere: Cattell, Hall, Thorndike, i più famosi psicologi dell'epoca, sostengono l'inferiorità delle donne e la teoria della variabilità, secondo la quale *"tra le donne come specie esiste meno variabilità rispetto agli uomini;* [inoltre] *tutte le donne sono simili mentre gli uomini si differenziano notevolmente per i loro talenti e difetti"*. Il secondo ambito di ricerca di Stetter Hollingworth riguarda proprio gli studi sulle differenze di genere, condotti con l'obiettivo di smentire i pregiudizi che tengono lontane le donne dall'istruzione, dal lavoro e dalla ricerca scientifica. In un articolo di revisione del 1914, l'autrice critica la teoria della variabilità e sostiene l'importanza del condizionamento dell'ambiente sociale e culturale: *sarebbe opportuno che se ne occupassero le donne, sarebbe auspicabile una psicologia della donna basata su verità e non su opinioni, su prove dimostrate e non aneddotiche, sul rigore metodologico più che su correlazioni magiche*. Dimostra scientificamente queste conclusioni: non ci sono differenze nella variabilità tra maschi e femmine; non ci sono effetti cognitivi e motori dovuti al ciclo mestruale che giustificano l'esclusione delle donne dal lavoro; le donne non sono inferiori agli uomini. Inoltre, in questo periodo, mette tali conclusioni a sostegno del movimento per i diritti delle donne, al quale partecipa attivamente, unendosi anche alle manifestazioni newyorkesi per il suffragio femminile. A partire dal 1920 inizia gli studi sui bambini con un'intelligenza superiore alla media – il terzo ambito di ricerca -, scoprendo che sono esposti al rischio di disadattamento a casa, a scuola e nella vita relazionale e professionale. Si batte, quindi, affinché siano riconosciuti e attivati specifici programmi educativi rivolti a valorizzare l'intelligenza e ad armonizzare le abilità sociali, adattive, ecc. per rendere i bambini plusdotati in grado di sviluppare una personalità armonica. Difatti le scuole, piuttosto che valorizzare i bambini con un'intelligenza superiore alla media, tendono a considerarli un problema.

A child of IQ above 180 is indeed very likely to constitute a "school problem" in contemporary classrooms, the school as conventionally established, is not always congenial to or appreciative of extremely gifted children.

Nel suo volume, molto articolato e corredato di grafici e foto, ripercorre la storia degli studi sulle persone plusdotate, a partire da Francis Galton, che dal 1865 in Inghilterra raccoglie dati e biografie di figure eccellenti in diversi ambiti della cultura e della società. Tuttavia, questi primi studi biografici sono molto limitati nel metodo, probabilmente condizionati dall'enfasi nella ricostruzione dei profili di abilità.

È a partire dal 1904, con l'introduzione dei test mentali da parte dello psicologo francese Alfred Binet, assieme al suo collaboratore Theodore Simon, che inizia l'era moderna della misurazione in psicologia.

> Binet was the first actually to apply a workable series of tests for the practical purpose of classifying school children on the basis of intelligence.

Stetter Hollingworth riserva una forte critica a Cesare Lombroso che, nella sua correlazione tra genio e follia non conduce alcuno studio sperimentale rigoroso, ma cerca di selezionare i casi che possano confermare la sua teoria, secondo un procedimento che costituisce una violazione del metodo scientifico.

He, and others who follow him, have started with a theory and have then looked for illustrative examples, selected to prove it. This is a violation of scientific method, which prevents truth from appearing.

Sottolinea che l'approccio moderno fornisce gli strumenti per valutare la mente attraverso i suoi prodotti, ossia attraverso la misura della prestazione in determinati compiti. L'intelligenza diventa un'entità che può essere misurata in condizioni ben definite. La plusdotazione può beneficiare di una definizione operativa: si riferisce a quegli individui che risultano al di sopra della media alle scale di intelligenza e ai test che misurano talenti speciali e che rappresentano l'1% della popolazione.

We mean by gifted children those who test much above average on standardized scales for the measurement of intelligence, and also those who test much above average on scales for the measurement of the special talents.

[…] Thus we draw our line, and arbitrarily choose to mean by "intellectually gifted" the most intelligent one per cent of the juvenile population.

Rispetto alle differenze tra maschi e femmine, Stetter Hollingworth lamenta che alle donne non sia riservato molto spazio tra le figure eccellenti della storia a causa di un ambiente culturale e sociale che le ha lasciate nell'oscurità e non perché siano meno intelligenti, come qualcuno pure sostiene.

There is no longer doubt among psychologists that the central tendency of girls is as high as that of boys, as regards general intelligence.

In riferimento alle differenze etniche, Stetter Hollingworth si rivela non del tutto libera dallo stereotipo che registra tra i neri e gli italiani, ad es., il minor numero di bambini plusdotati, rispetto all'elevata quota di ebrei e inglesi.

[…] more than a mere suggestion that negro children

furnish fewer gifted individuals than white children do, in the United States.

There is a marked excess of English, Scotch, and Jewish parentage. [...] The proportion of Mexican, Spanish, Italian, Portuguese, and negro origin is very low.

Ammette, tuttavia, che queste conclusioni non si basano su dati sufficienti:

There is little more to be said, in the present state of ignorance, concerning the proportion of gifted children occurring by race or nationality.

L'intelligenza, come espresso nel titolo del volume, si deve a un insieme di fattori biologici e culturali. Entrambi i genitori di bambini plusdotati dimostrano sempre abilità superiori alla media, indipendentemente dall'attività professionale svolta e Stetter Hollingworth aggiunge anche che difficilmente una donna di intelligenza superiore sposa un uomo mediocre.

A wife may differ markedly from her husband intellectually, and this difference may be in the direction of superiority. A highly intelligent woman occasionally marries a mediocre man.

Per l'autrice l'ereditarietà o la nuova scienza - la genetica - sono in grado di fornire informazioni rilevanti per l'educazione e gli altri contesti di vita.

The study of heredity, or of genetics, as it is now frequently called, is in its early infancy, but already it has established facts which are of utmost practical importance for education and for all other human institutions and endeavors.

Accanto all'importanza della genetica per studiare l'ereditarietà della plusdotazione, l'altro tema centrale è il rinnovamento della scuola o almeno di alcuni metodi scolastici, dal momento che l'adattamento dei bambini plusdotati alla classe risulta molto complicato. A quell'epoca i bambini eccellenti seguono prevalentemente un'istruzione privata a casa. Per Stetter Hollingworth una delle possibili soluzioni è l'inserimento precoce alla scuola primaria.

In schools where the age of entrance is not legally restricted, young children of very superior intelligence may enter much "under-age" ...

[...] very early entrance into college may be followed by a career of great distinction, and by very long life.

Un'altra soluzione riguarda la differenziazione, che consiste nella formazione di classi con solo bambini plusdotati. Secondo alcuni studi dell'epoca questa strategia incrementa notevolmente gli apprendimenti dei bambini eccellenti.

The children made very rapid progress as a group. They covered the prescribed curriculum of the elementary school at about twice the ordinary rate, without more than ordinary effort.

Un'ulteriore soluzione elencata da Stetter Hollingworth consiste nell'alternare alle lezioni in classe con i coetanei, altre lezioni di approfondimento supplementare delle diverse materie.

This enrichment of school work is organized in unit courses of six weeks each.

La scelta della soluzione va affrontata con cautela per ciascun bambino:

rapid progress is an especially perplexing problem in the first years of the elementary school.

Non si può però affatto sostenere, secondo Stetter Hollingworth, che i bambini plusdotati se la cavino da soli e non abbiano bisogno d'aiuto.

It has been urged that there need be no special provision for the able, as they can take care of themselves under any circumstances and may be trusted to find their own way through the world.

Mancano però insegnanti preparati, amministratori

coraggiosi e maggiori prove scientifiche per guidare le scelte educative più appropriate per i bambini plusdotati.

At present we lack classroom teachers trained for experimentation, we lack administrators who wish to undertake pioneer tasks, and we lack suitable literature on the subjects and possible projects which suggest themselves as appropriate to the needs of gifted children.

Le tre soluzioni ipotizzate da Stetter Hollingworth sono ancora oggi valide, ma risultano più discusse che applicate nei diversi contesti scolastici. Si tratta di: *accelerazione* (saltare uno o più anni scolastici), *raggruppamento* (classi o piccoli gruppi di bambini di pari abilità) e *arricchimento* (approfondimento con materiali e bibliografie aggiuntive). A novant'anni di distanza sopravvivono gli stessi pregiudizi sul fatto che i bambini plusdotati possano arrangiarsi da soli, senza aver bisogno di percorsi educativi personalizzati. Cairo (2001) fornisce le prove scientifiche e le indicazioni per programmare strategie educative efficaci a individuare e a valorizzare i bambini plusdotati senza correre il duplice rischio della sottovalutazione o della sopravvalutazione, che hanno entrambe effetti molto negativi sulla crescita armonica. Nel fare riferimento ai lavori di Stetter Hollingworth, Cairo scrive che "la sua attenzione si focalizzò su un approccio più globale all'educazione dei ragazzi dotati evidenziando l'importanza di una loro educazione affettivo-emotiva oltre che cognitiva".

Stetter Hollingworth riceve molti riconoscimenti, tra questi l'inclusione tra gli *American Men of Science* a cinque anni dal titolo di dottorato. Nel 1938 Louise Pound le dà la notizia del conferimento di un dottorato in legge alla sua Università del Nebraska. Muore l'anno dopo, a 53 anni per un carcinoma addominale. In memoria della sua ricerca scientifica restano una borsa di studio alla Columbia, riservata a laureate all'Università del Nebraska e tante istituzioni filantropiche nate sul suo progetto sperimentale di fornire strumenti e percorsi educativi adatti a valorizzare le potenzialità dei plusdotati.

Bibliografia

Benjamin L.T. Jr. The pioneering work of Leta Stetter Hollingworth in the psychology of women. *Nebraska History, 1975, 56: 493-505.*

Cairo M.T. *Superdotati e dotati. Itinerari educativi e didattici.* Vita e Pensiero, 2001.

Poffenberger A.T. Leta Stetter Hollingworth: 1886-1939. *The American Journal of Psychology, 1940, 53: 299-301.*

Pubblicazioni di Leta Anna Stetter Hollingworth*

Hollingworth L. *Gifted Children: Their Nature and Nurture. Macmillan, 1926.*

Hollingworth L. Variability as related to sex differences in achievement. *American Journal of Sociology, 1914, 19: 510-530.*

Hollingworth L.S. Functional periodicity: An experimental study of the mental and motor abilities of women during menstruation. *Teachers College, Columbia University, Contributions to Education, 1914, 69.*

Hollingworth L. *The Psychology of Subnormal Children.* Macmillan, 1920.

*Per la bibliografia estesa rimando a Benjamin L.T. Jr. The pioneering work of Leta Stetter Hollingworth in the psychology of women. *Nebraska History, 1975, 56: 493-505.*

Silvia De Marchi (1897 – 1936)
Le valutazioni numeriche di collettività, 1929

> Psychology will never be an exact science
> unless psychic intensities can be measured.
> Some authorities say that such measurement
> is impossible.
>
> Lewis Fry Richardson

Nata a Pavia, è allieva e poi collega di Vittorio Benussi nel laboratorio di psicologia sperimentale dell'Università di Padova. È la prima italiana a laurearsi con una tesi di psicologia sperimentale. Alla tragica morte di Benussi nel 1927, ne continua i lavori sulla percezione, sulla testimonianza, sulla suggestione e sull'ipnosi, collaborando con Cesare Musatti che sposerà poi nel 1932 e dal quale avrà un figlio, Riccardo.

Marhaba (1981) annovera l'articolo di De Marchi, che "evidenzia alcuni fattori responsabili delle valutazioni numeriche immediate di complessi di punti presentati al tachistoscopio", tra i dieci contributi sperimentali più rilevanti dell'epoca.

Per Sergio Masin (2012) il lavoro di De Marchi anticipa l'invenzione del metodo della stima di grandezza da parte del fisico britannico Lewis Fry Richardson, che proprio nel 1929 introduce lo studio quantitativo delle sensazioni attraverso l'applicazione di funzioni matematiche alla misurazione dell'intensità delle immagini mentali, degli stimoli sonori e così via.

La stima di grandezza è oggetto di studio della psicofisica e si riferisce ai giudizi che gli individui esprimono sulle intensità delle sensazioni presentate, associando ad esse dei valori numerici arbitrari o predefiniti dallo sperimentatore. Questo avviene quando gli stimoli presentati sono molto numerosi, mentre per piccole quantità (fino a 4) ci basiamo sul *subitizing,* determinando il numero di oggetti con un rapido colpo d'occhio, mentre, per quantità intermedie, usiamo il conteggio degli stimoli.

De Marchi studia le stime di grandezza presentando stimoli visivi costituiti da complessi di punti di diversa densità.

Nel 1923 Vittorio Benussi presenta il lavoro preliminare

al IV Congresso Nazionale di Psicologia a Firenze, quando De Marchi non è ancora laureata. Negli atti del Congresso è specificato che Benussi legge l'articolo di De Marchi e, quindi, i primi risultati sulle stime sono effettivamente presentati sei anni prima della pubblicazione dell'articolo.

Nell'introduzione, De Marchi definisce il processo di stima e le *deviazioni* individuali come segue:

> Se noi mostriamo a soggetti diversi un complesso di punti come in fig. 1 (punti=158) per un tempo brevissimo, così che sia esclusa la possibilità che i soggetti ne contino anche una parte, e li invitiamo poi a valutare con una cifra la collettività vista, possiamo constatare che si ottengono giudizi valutativi che sono soggettivamente sicuri (il soggetto nella valutazione oscilla ad es. da 70 a 80, da 120 a 140, da 300 a 320, ma dentro questi limiti è sicuro), ma variano considerevolmente da soggetto a soggetto.
>
> Si può constatare che le valutazioni ottenute, in alcuni casi superano il numero reale dei punti, in altri

casi sono inferiori ad esso (1): si ottengono insomma delle sopravalutazioni o delle sottovalutazioni che sono vere e proprie "costanti individuali" (2). Chi per es. ha sottovalutato una volta un complesso, sottovaluta di fronte a collettività nuove. Così le sotto come le sopravalutazioni corrispondono a qualità tipiche dei soggetti, non sono fenomeni incidentali ma, come dicemmo, costanti individuali (3).

Gli scopi del suo lavoro sono: comprendere su quali basi i soggetti effettuano le stime e conoscere le variabili degli stimoli che giocano un ruolo determinante:

[…] le questioni fondamentali che lo studio sperimentale delle valutazioni di collettività deve cercar di risolvere. E precisamente: 1) da che cosa risulti il tipo, o meglio per azione di quali fattori un soggetto sopravaluti e un altro sottovaluti (considerando in senso generale e assoluto la valutazione); 2) quali e quanti siano i fattori che determinano una sotto o sopravalutazione relativa indipendentemente dal tipo. Lo studio presente si propone dunque di analizzare i fattori della valutazione.

Lo studio è centrato sulla stima immediata, libera dalla consapevolezza di un errore o da autocorrezioni che hanno invece un ruolo nell'apprendimento:

Analizzare il processo valutativo vuol dire insomma precisare la importanza che hanno tutti questi fattori per il risultato di una valutazione. È ben da distinguersi questo processo da quello che può automaticamente condurre, dalla conoscenza dei propri errori valutativi, ad apprendere a valutare adeguatamente. L'analisi di questo secondo processo costituirebbe non "la psicologia delle valutazioni" ma "la psicologia dell'apprendimento di un particolare comportamento adeguato alla realtà".

Negli esperimenti utilizza due condizioni: una per la valutazione di collettività statiche e l'altra per la valutazione delle collettività in movimento. Gli strumenti con cui vengono presentati gli stimoli sono un chimografo per la prima condizione e un *telaietto mobile che scorre in un controtelaio* per la seconda condizione. La presentazione è basata sul metodo tachistoscopico:

> Le esposizioni devono infatti essere brevissime per impedire che il soggetto arrivi alla risoluzione del compito "contando" gli elementi di tutta o di una parte della collettività.

Nell'articolo, De Marchi fa riferimento alle precedenti ricerche sulle stime per collettività poco numerose condotte da Liebenberg nel 1914, da Benussi nel 1918 e da Mokre nel 1927. Rispetto a Liebenberg, De Marchi chiarisce che la sua procedura nel numero e nella disposizione degli elementi è più simile al contare e non è una vera e propria stima. Il lavoro di De Marchi si inserisce come continuazione e approfondimento di quello di Benussi, che aveva iniziato a manipolare l'effetto di fattori strutturali, come la forma e il movimento, sulle stime.

De Marchi descrive dettagliatamente i risultati attraverso tabelle e curve, mettendo in risalto i fattori che incidono sulle stime o *"valutazioni numeriche immediate"* cioè *"indipendenti da processi di ragionamento"*: la *"vividità percettiva"*, la *"densità"*, la *"durata di esposizione"*, la *"grandezza dell'area"*, ecc.

Descrive anche gli errori di confidenza che i soggetti commettono in particolari condizioni:

> Dai protocolli risulta che le valutazioni appaiono introspettivamente più attendibili al soggetto, più sicure, quando l'area è piccola. Ora proprio in questo caso si può vedere come esse siano invece meno adeguate.

De Marchi approfondisce anche l'interazione tra aspetti strutturali e soggettivi e la distinzione da farsi, nelle situazioni di incertezza, tra una decisione immediata e una decisione ragionata.

Sia i fattori strutturali esterni sia quelli interni (*sopra o sottovalutatore*) determinano stabilmente le stime dei soggetti, producendo oscillazioni piuttosto uniformi.

[...] accanto alla valutazione non poggiata su alcun elemento razionale, non giustificabile per il soggetto stesso se non in base alla pura impressione assoluta data dal complesso, si presenta spesso un'altra valutazione che il soggetto ottiene in base ad elementi razionali. Ma ai soggetti però appaiono più attendibili le valutazioni immediate, relative alla prima impressione sorta spontaneamente, che non quelle seguenti dovute ad elaborazione mentale della prima impressione.

[...] così nell'esperienza della vita abituale come nelle esperienze semplici di laboratorio un soggetto dato mantiene la natura sua: le leggi del meccanismo valutativo restano immutate di fronte a tutti gli oggetti.

Dagli anni '30 del secolo scorso i nuovi metodi di stima di grandezza nelle diverse varianti continuano ad essere ampiamente utilizzati. Come afferma Masin (2014), nonostante la discussione accesa sugli aspetti teoretici, i risultati empirici continuano a convalidare il metodo e, di fatto, *la conferma convergente sembra l'unico processo praticabile per validare una misura psicofisica.* Più recentemente, il metodo è applicato alla ricerca delle basi percettive e neurali del senso di numerosità ovvero di una rappresentazione funzionale specifica per i numeri. Attraverso esperimenti che permettono di controllare con maggiore precisione la densità o la grandezza dell'area occupata dagli stimoli, è possibile dimostrare che la stima numerica è estratta in modo automatico e indipendente dalle altre proprietà. Le numerose prove scientifiche accumulate e analizzate da Piazza e Eger (2016) dimostrano che il senso del numero è universale (osservabile in diverse culture) e innato (dimostrato anche nei neonati) ed è soggetto all'adattamento: la sovrastima o la sottostima dipendono dalla numerosità delle presentazioni di stimoli precedenti. Inoltre, il contributo alla psicofisica apportato dalla neuropsicologia e dalle tecniche neuroradiologiche ha permesso di identificare nel lobo parietale l'area del nostro cervello che effettua le stime di *collettività.*

Silvia De Marchi muore a soli 39 anni, il 20 marzo 1936,

lasciando esigue tracce e pochi testimoni del suo pionieristico lavoro sperimentale.

Bibliografia

Silvia De Marchi. In *Archivio storico della psicologia italiana*, http://www.aspi.unimib.it/collections/entity/detail/68/

Masin S.C. A brief trip into the history of psychophysical measurement. *Proceedings of Fechner Day, 2012, 28: 162-7.*

Masin S.C. Test of the Ratio Judgement Hypothesis. *Journal of General Psychology, 2014, 141: 130-150.*

Piazza M., Eger E. Neural foundations and functional specificity of number representations. *Neuropsychologia, 2016, 83: 257-273.*

Pubblicazioni di Silvia De Marchi

De Marchi S. Le valutazioni numeriche di collettività. *Archivio Italiano di Psicologia, 1929, 7: 177-225*

De Marchi S. La valutazione di collettività. In *Atti del IV Congresso Nazionale di Psicologia Sperimentale*, 1923, Stab. Tip. Bandettini, 1925, pp. 131-134.

Musatti De Marchi S. (a cura di). *Suggestione e psicanalisi / Vittorio Benussi.* Principato, 1932.

Renata Calabresi (1899 – 1995)

La determinazione del presente psichico, 1930

[…] successions are the raw material of the physical world.

[...] duration is a construct of the human mind.

Human eyes perceive succession at first,

but duration is linked to the identification

of on and off effects, to use the language of physiology.

Paul Fraisse

.

Renata Calabresi nasce a Ferrara da una famiglia di origine ebraica. Intraprende gli studi di filosofia a Bologna, frequentando tra gli altri il corso di Psicologia Sperimentale. Qualche anno dopo si trasferisce con la famiglia a Firenze, dove ha l'opportunità di frequentare il primo laboratorio italiano di psicologia sperimentale e di laurearsi con il suo fondatore, Francesco De Sarlo. Continua le ricerche sperimentali sulla percezione del tempo e sull'apprendimento e nel 1923 consegue il perfezionamento con Enzo Bonaventura. Assieme al fratello Massimo e alla sorella Cecilia, è tra gli studenti che diffondono il giornale clandestino "*Non Mollare*", fondato a gennaio del 1925 dai fratelli Nello e Carlo Rosselli e sostenuto anche da Gaetano Salvemini. Negli anni '30 Calabresi si trasferisce a Roma dove lavora con Mario Ponzo all'Istituto di Psicologia Sperimentale della Reale Università, occupandosi dello studio delle illusioni, della percezione tattile-cinetica, della psicotecnica, dei reattivi mentali e delle basi psicologiche dell'estetica. Il 28 febbraio 1935 le viene conferita la libera docenza. Nel 1939, a causa degli effetti delle leggi razziali, si trasferisce a New York dove si trova già il fratello. Inizia la sua nuova carriera di psicologa alla New School for Social Research e all'Hunter College.

Gli esperimenti sulla misurazione del tempo soggettivo, condotti nel laboratorio fiorentino, sono raccolti e pubblicati dall'autrice nel 1930, in quello che Marhaba (1981) definisce "uno studio ancora utilmente consultabile nell'ambito della psicologia sperimentale della percezione del tempo".

Paul Fraisse, nel volume di riferimento sull'argomento, *Psychologie du temps* (1967) scrive: "Sono stati fatti diversi tentativi per valutare questa durata del processo percettivo con metodi più diretti. Renata Calabresi [...] ha usato un metodo ingegnoso".

La percezione del tempo è in quegli anni argomento di discussione tra l'impostazione filosofica kantiana di Brentano e l'approccio sperimentale da Wundt a Fechner a Stern, tra gli altri (Albertazzi 2011).

Nell'introduzione Calabresi delinea il suo scopo:

Il problema cui ho rivolta la mia attenzione presenta un interesse generale per gli studiosi di psicologia, forse perché esso corrisponde ad una domanda che, più o meno esplicitamente, si pone chiunque si soffermi qualche volta a riflettere sulla propria vita interiore. Infatti, non è raro che si mediti sul rapido e incessante trascorrere dell'attimo presente nel passato; e determinare l'attualità psichica vuol dire appunto cercare la durata dell'istante fuggevole e cogliere quello che la coscienza è, in un momento del suo continuo divenire...

Dopo avere introdotto per linee generali l'oggetto di studio, Calabresi definisce le peculiarità del tempo fenomenico, che non ha una corrispondenza univoca con il tempo fisico. Il metodo che permette di cogliere il coesistere o il susseguirsi degli eventi psichici è l'introspezione.

Possiamo dunque ritenere che a fatti successivi nel tempo non si possa negare, almeno entro certi limiti, una contemporaneità psichica, e prestare fede all'introspezione che ci dà come compreso nel presente un contenuto complesso in mutamento continuo; nel quale contenuto però i diversi elementi costitutivi non scorrono parallelamente con moto uniforme, ma complicano scambievolmente i loro rapporti temporali.

Tuttavia,

[...] né l'intuizione immediata né l'introspezione ci danno indizi attendibili per valutare con fondatezza l'estensione del presente psichico...

E più avanti:

[...] lo studio del presente psichico richiede l'applicazione di metodi sperimentali; due sono i compiti che si propongono: la determinazione del contenuto attuale, e la determinazione della durata attuale.

L'introduzione prosegue con un'approfondita revisione critica degli studi dell'epoca.
Nei capitoli seguenti sono descritti la metodologia sperimentale e i risultati.

Il mezzo sperimentale che ho scelto per determinare la durata dell'attualità consiste nel far seguire alla presentazione tachistoscopica un'altra presentazione che provochi un secondo processo di apprendimento, di complessità equivalente al primo. Variando l'intervallo che separa le due presentazioni da un minimo di durata, vicinissimo alla soglia di successione, a un massimo, che permetta di apprezzare tra i due fatti conoscitivi distinti un tempo vuoto, si riuscirà a determinare la durata dell'attualità.

Gli stimoli utilizzati (lettere e figure) e la disposizione degli apparecchi di presentazione della doppia stimolazione (il tachistoscopio a caduta di Wundt e il doppio tachistoscopio a caduta di Bonaventura) sono raffigurati in tre tavole che corredano il volume, assieme alle tabelle dei risultati.

I soggetti reclutati sono un professore e tre studenti universitari, sottoposti a due serie di esperimenti, nel corso di tre mesi, con sessioni di 25 presentazioni della durata di circa un'ora, per tre volte a settimana.

Le conclusioni dei diversi esperimenti confermano un dato quantitativo preciso: la presentazione degli stimoli in due gruppi successivi deve essere separata da un intervallo di 0,7-0,8 secondi per escludere la simultaneità e permettere due apprendimenti successivi.

La durata di 700-800 σ, come quella che risponde insieme all'estensione temporale direttamente intuita, alla durata di un atto di conoscenza e di un momento di attenzione, rappresenta l'unità di misura del ritmo temporale della vita psichica; ritmo che, dai miei esperimenti, nei quali si esclude ogni partecipazione di fatti affettivi e volontari, risulterebbe inerente all'esplicazione dell'attività conoscitiva.

L'atto psichico da noi misurato, in quanto rappresenta piuttosto una pulsazione, un passo di questa attività che un processo psichico particolare, ha una durata relativamente fissa, che può essere modificata entro limiti abbastanza ristretti solo dalla complessità del contenuto oggettivo cui è rivolto e dai legami che hanno tra loro i contenuti successivi.

La durata così misurata rappresenta la quantificazione del presente psichico, del *tempo discreto* definito da William James.

Questo è il ritmo psichico di cui noi parliamo; il "tempo nostro" cui si adattano i diversi tempi oggettivi appresi; il fondamento di quella che James chiama "legge del fluire discreto del tempo".

Negli ultimi 30 anni la ricerca sul tempo e sulla sua percezione è stata caratterizzata da un rinnovato interesse in diversi ambiti della psicologia, generando spesso confusione sulle definizioni, sui metodi e sulle interpretazioni teoriche. Come sottolinea Grondin (2010), il tempo psicologico resta un oggetto di studio molto vago. Tuttavia, gli sviluppi delle nuove tecnologie e delle neuroscienze, hanno fornito gli strumenti e i modelli per perfezionare e differenziare l'indagine sulle variabili oggettive e soggettive, per scoprire i diversi meccanismi di elaborazione temporale di cui siamo dotati, per definire il ruolo dei meccanismi attentivi e mnesici e per identificare i substrati neuroanatomici coinvolti.

Nel 1984, Fraisse approfondisce le corrispondenze tra il tempo fenomenico e il tempo fisico. Per percepire una successione tra due eventi, l'intervallo tra essi dev'essere superiore a 20 millisecondi. In particolare, se l'intervallo è inferiore a 100 millisecondi la percezione è di istantaneità; se l'intervallo è superiore ai 100 millisecondi e inferiore ai 5 secondi si ha la percezione di successione nel presente psichico; oltre i 5 secondi la stima di successione coinvolge la memoria (Fraisse 1984). Nel 2014, Allman e collaboratori, attraverso una revisione dei risultati comportamentali e neurobiologici sul tema, delineano le proprietà dell'orologio interno e le basi cerebrali della percezione e dell'elaborazione temporale.

Dopo le ricerche sperimentali condotte nei laboratori di Firenze e Roma, Calabresi si dedica negli Stati Uniti all'attività clinica e alla formazione specialistica dei futuri psicologi presso il Department of Veterans Affairs di Newark. Entra in contatto con gli esuli politici intorno a Salvemini, con Max Wertheimer e altri psicologi tedeschi fuggiti dal nazismo.

Alla caduta del fascismo ritorna annualmente a Firenze ma, dichiarata irrintracciabile dall'Università nel 1957, non vede restituita la libera docenza precedentemente annullata per effetto delle leggi *razziali*.

Muore a New Haven nel 1995, all'età di 96 anni, ricordata da un articolo del New York Times del 20 dicembre: "a clinical psychologist who was active in the anti-Fascist underground in Italy in the 1930's".

Bibliografia

Albertazzi L. Renata Calabresi: The Experimental Analysis of the Present. *History of Psychology, 2011, 14: 53-79.*

Allman MJ, Teki S, Griffiths TD, Meck WH. Properties of the internal clock: first- and second-order principles of subjective time. *Annual Review of Psychology, 2014, 65: 743-71.*

Fraisse P. Perception and estimation of time. *Annual Review of Psychology, 1984, 35: 1-36.*

Grondin S. Timing and time perception: a review of recent behavioral and neuroscience findings and theoretical directions. *Attention, Perception and Psychophysics, 2010, 72: 561–582.*

Guarnieri P. *Senza cattedra: l'Istituto di Psicologia dell'Università di Firenze tra idealismo e fascismo.* Firenze University Press, 2012.

Marhaba S. *Lineamenti della psicologia italiana 1870-1945.* Giunti-Barbera, 1981.

Renata Calabresi. In *Scienza a Due Voci,* https://scienzaa2voci. unibo.it/biografie/1344-calabresi-renata

Pubblicazioni di Renata Calabresi*

Calabresi R. *La determinazione del presente psichico*. R. Bemporad & Figlio, 1930.

Calabresi R. La percezione tattilo-cinetica delle grandezze e delle forme negli adulti e nei fanciulli normali e anormali. *Rivista di scienze applicate all'educazione fisica e giovanile, 1931, 2.*

Calabresi R. Ricerche di estetica sperimentale, *Rivista di psicologia, 1933.*

Calabresi R. I fattori e la genesi delle attitudini professionali. Considerazioni in tema di orientamento ed educazione, *Bollettino di orientamento professionale, 1937, 5-6.*

Calabresi R. *Repression and control in psychological test – Illustrative cases. Case reports in clinical psychology*, The Department of Psychology, Kings County Hospital, 1951.

Calabresi R., Abel T.M. The people as sees from their Rorschach Tests. In *Life in a Mexican Village: Tepostlan restudied by Oscar Lewis*. The University of Illinois Press, 1951

Calabresi R. Structuring the training situation. In M.H.P. Finn, F. Brown (Eds.). *Training for clinical psychology*. International University Press, 1959.

*Per la bibliografia estesa rimando a: Renata Calabresi. In *Scienza a Due Voci,* https://scienzaa2voci.unibo.it/biografie/ /1344-calabresi-renata

Inez Beverly Prosser (1895 o 1897 - 1934)

Non-academic development of Negro children in mixed and segregated schools, 1933

African-Americans often saw
education as a means of escaping poverty,
enhancing their ability to secure employment,
and redressing social inequalities and injustices.

Cynthia Neverdon-Morton

Prima donna afroamericana a conseguire il titolo di Dottore di Ricerca in Psicologia, Inez Beverly nasce in Texas, primogenita di 11 sorelle e fratelli. Il suo profilo emerge dal libro *Even the rat was white: a historical view of psychology* di Robert Guthrie (1998), che rompe, per la prima volta, il muro di silenzio *razzista* verso gli psicologi neri all'interno della comunità stessa degli psicologi americani. Guthrie attribuisce il primato a Ruth Winifred Howard che, in realtà, è la prima a conseguire il dottorato nel 1934 in un dipartimento di psicologia, all'Università del Minnesota.

Le informazioni e le citazioni che seguono sono tratte dall'articolo di Benjamin e collaboratori (2005), non essendo riuscita a procurarmi la tesi originale.

Nei primi decenni del 1900 i ragazzi neri possono studiare fino a quelli che corrispondono agli anni della scuola secondaria di primo grado. Beverly riesce a continuare i suoi brillanti studi perché il fratello, intenzionato a sposarsi, vi rinuncia, a favore della sorella. Conseguito il diploma, inizia la sua carriera di insegnante, che continuerà in diverse scuole per tutta la sua breve vita. Nel 1916 sposa Allen Rufus Prosser, che lavora in ambito assicurativo.

Per continuare gli studi universitari Beverly Prosser si sposta in Colorado, dove, contrariamente al Texas, sono ammessi i neri e le donne, anche se il primo titolo ad una donna nera è conferito solo nel 1924. Sono gli anni dell'odio *razziale* e non è facile per gli studenti neri vivere tra gli sprovvisti ambienti segregati e l'ostentato pregiudizio dei bianchi.

La tesi di laurea è incentrata sulla somministrazione di diversi tipi di prove di grammatica a 303 studenti di scuola secondaria, allo scopo di selezionare quale sia l'insieme di test più attendibile. La tesi, discussa nel 1927, non viene pubblicata e non ha molto impatto sulle metodologie di valutazione. Nel 1931 Beverly Prosser arriva all'Università di Cincinnati e viene inserita in un corso di Dottorato tenuto dallo psicologo Dean Louis Augustus Pechstein, che sta conducendo degli studi sul sistema scolastico pubblico e in particolare sul confronto tra scuole segregate e miste. Il complesso dei dati di quelle ricerche è poi raccolto in un articolo del 1929, che sostiene l'importanza di realizzare scuole separate fino al grado di istruzione superiore e di lasciare misti gli studi universitari.

La tesi di dottorato di Inez Beverly Prosser è approvata a giugno del 1933 e Pechstein, scrivendo al preside dell'Università di Tougaloo, aggiunge un encomio speciale, per aver concluso con dignità e merito il difficile percorso di dottorato, nonostante le difficoltà derivanti dalla *razza*.

Recandosi alla cerimonia di conferimento del titolo, mentre sta entrando nella sala, due altri candidati le dicono che si trova nel posto sbagliato e che quella è la stanza per i dottorandi, lei risponde dicendo "Sì, lo so. Sono qui per questo". È la prima volta che una donna nera raggiunge il più alto titolo accademico.

Il lavoro di ricerca del dottorato di Beverly Prosser continua quello concluso da Mary Crowley, relativo al confronto nel raggiungimento degli obiettivi didattici tra i bambini che frequentano scuole segregate e bambini che frequentano scuole miste. Crowley somministra diverse prove didattiche a due gruppi di alunni dal IV al VI grado, omogenei per età e livello cognitivo, provenienti da scuole miste e da scuole segregate. Le scuole miste sono accessibili ad alunni bianchi e neri e ad insegnanti bianchi, mentre le scuole segregate sono riservate ad alunni e insegnanti neri. A quell'epoca quello di insegnante è l'unico lavoro che permette ai neri un'esistenza dignitosa, anche se sono ammessi solo nelle scuole segregate e non in quelle miste.

I risultati di Crowley (1931, articolo citato in Benjamin e coll. 2005) dimostrano che il tipo di scuola (segregata/

mista) non ha alcun impatto sugli obiettivi didattici raggiunti dai ragazzi. Beverly Prosser, due anni dopo, seleziona un campione di 64 soggetti tra quelli di Crowley, per metà provenienti da scuole miste e per l'altra metà da scuole segregate, con l'obiettivo di esaminare variabili extrascolastiche, come tratti individuali, abilità sociali e qualità di vita. Per l'autrice l'adattamento all'ambiente, uno stile di vita sano e soddisfacenti relazioni scolastiche ed extrascolastiche hanno un valore maggiore nella formazione della personalità rispetto ai soli traguardi di un'istruzione accademica.

> Proper adjustment to one's environment, healthy attitude toward life, happiness in school relationships as well as those of the larger environment, are generally believed to be of infinitely more worth in building character than academic training.

I risultati della sua ricerca dimostrano che le scuole miste hanno conseguenze negative per i bambini: disadattamento sociale, insicurezza e difficoltà nelle relazioni, oltre a una maggiore frequenza di abbandono scolastico rispetto alle scuole segregate. Tuttavia, Beverly Prosser stessa, riconosce che il campione di soggetti è poco numeroso e le differenze osservate sono esigue e, in alcuni casi, statisticamente non significative.

La sua interpretazione conclusiva è però quella che le scuole segregate siano superiori a quelle miste, ma non in tutti i casi. In base alle caratteristiche individuali, alcuni bambini neri possono adattarsi meglio alle scuole miste. La scelta della scuola non deve essere quindi forzata, ma decisa in base al temperamento del bambino.

Beverly Prosser delinea il profilo del bambino che meglio può adattarsi alla scuola mista: introverso, motivato allo studio, non suscettibile all'esclusione da molte attività scolastiche ed extrascolastiche, simpatico, non molto sensibile alle offese e agli effetti reali del pregiudizio *razziale* e con una condizione economica famigliare tale da permettergli di vivere allo stesso livello dei suoi compagni.

[...] with a tendency toward introversion, academically inclined, who would not suffer mentally because of any possibility of not being able to participate fully in many of the activities of the school; one who has but little liking for extra-curricular activities, who has an attractive, likeable personality, not over-sensitive to real or imagined slights, little racial hatred or prejudices, whose parents are financially able to keep him on a level with his classmates;

Per Beverly Prosser la maggior parte dei bambini neri non rientra in questo profilo: essi sono maggiormente tutelati in un ambiente scolastico più accogliente e affettuoso, che li protegga dai rischi tangibili di sviluppare un senso di inferiorità sociale.

Tali conclusioni si inseriscono nel contesto socio-culturale di quegli anni, nel quale i neri hanno uno status inferiore rispetto ai bianchi e proprio per questo l'autrice sottolinea che, finché insegnanti e amministratori bianchi considereranno i neri come inferiori, con atteggiamenti discriminatori espressi o subdoli, non sarà un bene per i bambini neri apprendere e socializzare in un tale ambiente, anche se questa esclusione potrebbe precludere programmi didattici migliori.

Molte famiglie condividono l'idea che i bambini neri frequentando le scuole senza bianchi eviterebbero l'ostilità, gli stereotipi, gli insulti e un generale clima di pressione psicologica.

In quegli anni la discussione sulle scuole segregate è molto accesa.

Per alcuni le scuole segregate rappresentano un ambiente migliore per i neri e sono preferibili a quelle miste, almeno fino a quando non si ridurranno i pregiudizi e le discriminazioni da parte dei bianchi. A convalidare questa posizione si collocano i risultati della ricerca di Beverly Prosser. Altri sostengono che le scuole segregate contribuiscano a perpetuare la segregazione anche nella società e a rafforzare le credenze sull'inferiorità dei neri. Dal canto loro, i bianchi possono trarre conforto da questo dibattito e consolidare l'idea di *separati ma uguali* ("separate but equal"), che però non corrisponde a una realtà di uguaglianza. Si tratta di una dottrina giuridica che dal 1896 entra nella legislazione degli Stati Uniti e di fatto sancisce la legalità della segregazione *razziale* e il superamento della violazione del quattordicesimo Emendamento, che garantisce l'uguaglianza di tutti i cittadini davanti alla legge.

Beverly Prosser, inserendosi in questo dibattito, scrive nella sua tesi che la parola segregato è carica di connotazioni verso le quali i neri hanno imparato a risentirsi ed è per questo che sono contrari alle scuole segregate. I sistemi scolastici del nord, allo scopo di fornire un'educazione mirata ai bisogni dell'individuo e del gruppo, hanno da tempo previsto delle classi speciali. Per l'autrice è però importante distinguere tra segregazione obbligatoria e volontaria: *la segregazione obbligatoria ha l'esplicito obiettivo di isolare un elemento indesiderato dalla popolazione, al contrario le scuole speciali basate sulla segregazione volontaria hanno l'esplicito obiettivo di adattare l'educazione ai bisogni specifici del gruppo.*

The word "segregated" is fraught with connotations that the Negro has been taught to resent. This fact accounts for much of the feeling shown against the segregated school. Long accustomed to education adapted to individual as well as group needs, certain northern school systems have opened special schools for special classes. Here it seems proper to make a distinction between mandatory and voluntary segregation. As generally understood, mandatory segregation has as its expressed purpose the isolation of an undesirable element in the population; on the contrary, special schools based on voluntary segregation have as their expressed purpose fitting education to the needs of the group under consideration.

Quella di Beverly Prosser è la terza tesi dell'Università di Cincinnati a favore delle scuole segregate per i bambini neri. Molti autori criticano il suo lavoro per la ridotta numerosità del campione. Per Long (1935), le tesi del gruppo di Cincinnati non fanno altro che alimentare i fautori della segregazione. Egli sostiene, pur senza dati di riferimento sufficienti, che sono le scuole segregate a costituire un 'rischio psicogeno' nell'educazione dei bambini.

Gli studi successivi dimostreranno i rischi effettivi delle scuole segregate, in quanto i bambini vi crescono sviluppando sentimenti di inferiorità e di personale umiliazione. Dagli anni '40 l'irrimediabile danno psicologico causato dalla segregazione forzata è ampiamente documentato, tuttavia, le scuole segregate sono proclamate illegali solo nel 1954.

L'idea di Beverly Prosser, nel periodo più duro e violento della segregazione *razziale* negli Stati Uniti, è quella di proteggere almeno i bambini più fragili dai contesti scolastici misti che li potrebbero sopraffare o lasciare per strada. Nella sua interpretazione la scelta tra scuola segregata e scuola mista deve essere libera, consapevole e adatta al profilo del bambino. Non è questa però l'intenzione di chi continua la feroce discriminazione *razziale* all'inno di *separati ma uguali*.

Nonostante le intenzioni di Pechstein la tesi di dottorato non viene pubblicata nemmeno dopo la sua morte perché il marito non può sostenerne i costi.

Beverly Prosser dedica la sua breve vita agli studi

scientifici e all'educazione in generale, sia come insegnante e amministratrice nelle scuole, sia come supporto concreto ai bambini e ai ragazzi che non possono permettersi un'istruzione superiore. Incoraggia e aiuta tanti studenti universitari neri nella ricerca di alloggi e altre risorse all'interno degli ambienti segregati. Tra questi anche i suoi 10 fratelli e sorelle: tutti raggiungono il diploma e cinque anche la laurea.

Inez Beverly Prosser muore il 5 settembre del 1934 per i gravi traumi riportati in un incidente stradale, durante il viaggio di ritorno in Mississippi assieme al marito e alla sorella Katharine.

Bibliografia

Benjamin L.T., Henry K.D., McMahon L.R. Inez Beverly Prosser and the education of African Americans. *Journal of the History of the Behavioral Sciences, 2005, 41*(1): 43-62.

Guthrie R.V. *Even the rat was white: A historical view of psychology.* Allyn & Bacon, 1998.

Bazar J. Profile of Inez Beverly Prosser. In A. Rutherford (Ed.), *Psychology's Feminist Voices Multimedia Internet*

Archive, 2010. Retrieved from http://www.feministvoices.com/inez-beverly-prosser/

Pubblicazioni di Inez Beverly Prosser

Prosser I. Non-academic development of Negro children in mixed and segregated schools. *Unpublished Doctoral dissertation.* University of Cincinnati, 1933.

Prosser I. The comparative reliability of objective tests in English grammar. *Unpublished Master's thesis.* University of Colorado, 1927.

Prosser I. The English section: Letter writing. Mississippi *Educational Journal, 1933, 10: 36-38.*

Prosser I. The English section: English grammar. *Mississippi Educational Journal, 1934, 10: 130-131.*

Prosser I. The English section: Vocabulary building. *Mississippi Educational Journal, 1934, 10: 112-113.*

Giuseppina Pastori (1891 - 1983)

L'analisi elettroacustica del linguaggio con 49 figure

nel testo 38 tavole e 4 tabelle fuori testo

(con Agostino Gemelli), 1934

Il significante linguistico

nella sua essenza, non è per nulla fonico,

bensì incorporeo; non costituito da sostanza materiale,

ma unicamente dalle differenze che separano

la sua immagine acustica da tutte le altre.

Ferdinand De Saussure

Giuseppina Pastori si laurea in Medicina a Pavia nel 1921, dopo avere avuto l'opportunità di frequentare il laboratorio di istologia di Camillo Golgi. Nominata assistente presso il laboratorio di psicologia e biologia della nuova Università Cattolica del Sacro Cuore di Milano, fondata da Agostino Gemelli, si occupa di ricerche in istologia, biologia e psicologia. Lavora anche come medico ospedaliero, almeno fino a quando non le viene conferita la libera docenza in istologia e inizia ad insegnare biologia presso la stessa Università. È tra le pioniere dell'Associazione italiana donne medico (AIDM) e nel 1947 ne viene eletta Presidente. Partecipa nel 1924 al primo congresso italiano di eugenetica sociale, condivide le teorie sul *razzismo* biopsichico e sul costituzionalismo endocrinologico di Nicola Pende e aderisce alle posizioni della chiesa cattolica nei confronti delle teorie evoluzionistiche.

Inserendosi nel filone degli studi di Karl Bühler e di Karl Stumpf, che analizzano il linguaggio dalla prospettiva della psicologia sperimentale, Agostino Gemelli intraprende le ricerche sulla fonologia e si avvale della collaborazione di Pastori.

Dichiariamo che l'installazione elettrotecnica e lo studio dei problemi psicologici del linguaggio sono opera di A. Gemelli; mentre lo studio dei problemi fisiologici del linguaggio e lo studio analitico degli oscillogrammi sono opera di G. Pastori.

I due tomi de *L'analisi elettroacustica*, impreziositi dalle tavole e dagli oscillogrammi, raccolgono gli studi condotti in *parecchi* anni per misurare con precisione i suoni del linguaggio, utilizzando le apparecchiature più nuove e i metodi più sofisticati, in un laboratorio di psicologia tra i più attrezzati.

Per ciò che riguarda il linguaggio umano, l'elettroacustica ha aperto la via allo studio di numerosi problemi intorno alla sua percezione ed alla sua produzione e, fra l'altro, ha permesso di superare molte delle difficoltà, che si incontravano nello studio del linguaggio con altri metodi di analisi indiretta, (metodi essenzialmente meccanici, che si completavano mediante trascrizioni grafiche, o mediante incisioni grammofoniche).

[...] Pare a noi che l'introduzione delle valvole termoioniche abbia portato anche in questo campo numerosi e complessi perfezionamenti; così che oggi, valendoci di espedienti sempre nuovi che la tecnica continuamente va suggerendo, possiamo affermare che l'analisi elettroacustica è al coperto da errori, quanto basta perché lo studio dei suoni della voce sia rispondente alle nostre esigenze...

[...] Sopra tutto è importante per lo psicologo il fatto che questi metodi permettono di realizzare le condizioni sperimentali volute da un'analisi del linguaggio umano quale sin qui non era stata compiuta, ossia senza mettere i soggetti in condizioni di esperimento troppo lontane dalla realtà e perciò artificiali: essi permettono di registrare i suoni della voce senza che i soggetti se ne avveggano, così da poter studiare le varie forme del linguaggio, ivi comprese le dialettali, e da poter esaminare le condizioni soggettive ed ambientali che possono influire sulla emissione della parola.

Il corposo lavoro di Pastori è rivolto alla registrazione delle caratteristiche fonologiche individuali nella lingua parlata e nei dialetti di diversi soggetti, con un rigore metodologico apprezzato dallo stesso Bühler in *Sprachtheorie* del 1934.

Prendiamo un esempio da una delle questioni più dibattute relative al linguaggio: quella sulla natura delle vocali; non interessa alla psicologia sapere quale delle varie teorie sulla formazione delle vocali risponda realmente al meccanismo del tubo fonatorio; né, quindi, interessa tanto chiedere all'analisi se e quale importanza assoluta e relativa abbiano il tono fondamentale e i sopratoni armonici nella costituzione costante delle singole vocali tipiche; interessa invece conoscere [...] come essa è pronunziata in rapporto alle varie funzioni che essa assume nella struttura del linguaggio parlato e grazie a quali fattori essa è percepita e riconosciuta come quel segno avente il tale significato, pur attraverso le modificazioni che servono a dare al linguaggio umano una coloritura di accentuazione e di espressione, un carattere personale, una modificazione in rapporto al momento individuale, sociale, ecc.

Pastori spiega le vie dell'analisi elettroacustica e i tracciati che ciascun metodo produce ai fini della misurazione quantitativa.

1) Secondo una di queste, quella che brevemente chiameremo oscillografica, mediante dispositivi elettrici o elettromeccanici, si fa in modo che, alle compressioni e rarefazioni prodotte nell'aria da una sorgente sonora (nel nostro caso la voce umana) corrispondano deviazioni di un raggio luminoso capace di impressionare una carta sensibile o un film. Così viene iscritto sulla carta sensibile ciò che abitualmente si iscrive nell'orecchio umano. Con i metodi di questo primo gruppo si ottiene una grafica analizzabile mediante metodi algebrici, o meccanici, o elettrici.

2) Rientrano in un secondo gruppo i metodi di analisi automatica dei suoni; anche qui i procedimenti sono o elettro-meccanici o elettrici ed hanno sostituito quei procedimenti meccanici che per l'addietro si erano usati e sul valore dei quali si è a lungo discusso. […] questi metodi ci danno lo spettro di un dato suono, ossia lo scompongono in toni semplici.

Dopo aver condotto una rassegna dei metodi di analisi indiretta dei suoni della voce, l'autrice conclude che il metodo dell'elettroacustica più soddisfacente per lo studio della psicologia del linguaggio è il metodo oscillografico.

L'analisi del linguaggio mediante l'oscillogramma ci ha permesso di esaminare il comportamento della voce umana nella sua realtà, senza isolare artificialmente i singoli fonemi o i singoli suoni come si era costretti a fare nelle ricerche sin qui compiute con metodi che, se hanno permesso di determinare quali sono gli elementi strutturali dei singoli fonemi, non permisero però di studiare la parola come un tutto, né quindi, di avere un quadro preciso della sua reale e ricca complessità.

[...] Possiamo conchiudere che l'oscillogramma, specie se i risultati sono completati con altri metodi (incisione grammofonica, labiogramma, curva glottidea, curva macrofonica), permette di fare uno studio oggettivo del linguaggio umano, quale era impossibile con i metodi grafici sin qui in uso e di dare una documentazione oggettiva all'apprezzamento acustico dei singoli fonemi e delle loro variazioni.

Lo studio delle parole e delle frasi è necessariamente preceduto dallo studio dei fonemi, a partire dalle vocali. In tal modo è possibile identificare le caratteristiche proprie e invarianti di ciascuna unità.

In ogni oscillogramma di vocale si legge una curva caratteristica, che permette facilmente di determinare di quale delle cinque vocali si tratti.

[...] Sia per le voci maschili (gravi), sia per le voci femminili (acute) il ciclo tipico della *a* si distingue da quello delle altre vocali essenzialmente perché possiede sempre un gruppo di sopratoni che raggiungono ampiezze molto maggiori dell'onda fondamentale e della prima armonica

[...] Tutte queste ragioni giustificano l'ipotesi che la *a* sia un fonema più complesso e più progredito della *i* e della *u*; [...] è insomma un fonema più perfetto della *u* e della *i*, avendo raggiunto tal grado di evoluzione, che non può più ricondursi a soffio o a grido, né rassomigliare ad alcun tono semplice.

La percezione dei singoli suoni del linguaggio non è però

passiva: è il risultato di un processo attivo che organizza i singoli stimoli acustici *in un tutto vivo*, nel quale i vari suoni si fondono modificandosi e restandone a loro volta influenzati.

Dal punto di vista della psicologia, dal quale noi ci siamo posti, il linguaggio studiato sugli oscillogrammi non autorizza simili suddivisioni. In realtà non vi sono né sillabe, né parole, né frasi; vi è un seguito di movimenti vari ai quali corrispondono dei suoni aventi un significato; ma questo seguito di movimenti non è una serie uniforme: essi si presentano uniti in modo da costituire unità di vario ordine, variamente legate tra di loro e variamente strutturate. [...] Questa unificazione od organizzazione permette di attribuire a ciascuna di queste organizzazioni e al loro complesso un senso e di avere così la comprensione del linguaggio, comprensione che è intimamente legata alla percezione dei suoni. Da ciò si ricava che il linguaggio è esso pure governato dalle leggi della forma, sia come organizzazione motrice, se lo si considera come azione di parlare (*Sprech-handlungen* di Bühler) sia come organizzazione intuitiva, se lo si considera come percezione di parole (*Sprechereignisse* di Bühler).

Dopo gli studi sperimentali condotti con Agostino Gemelli, Pastori si dedica alla pubblicazione di diversi libri e opuscoli divulgativi negli ambiti della biologia, dell'alimentazione, dell'igiene e dell'educazione. Anche gli scritti successivi alla caduta del fascismo permangono improntati alla biotipologia e al costituzionalismo, come si può leggere ne *Il substrato biologico della personalità* (1948): *"L'ortogenesi, modernissima disciplina che si propone di correggere i difetti costituzionali, ha tanto maggior probabilità di successo, quanto più il suo intervento è precoce..."*.

Muore a Milano nel 1983.

Bibliografia

Giuseppina Pastori. In *Dizionario Biografico Treccani*, http://www.treccani.it/enciclopedia/giuseppina-pastori_%28Dizionario_Biografico%29/

Giuseppina Pastori. In *Scienza a Due Voci,*
https://scienzaa2voci.unibo.it/biografie/114-pastori-giuseppina

Pubblicazioni di Giuseppina Pastori*

Gemelli A., Pastori G. *L'analisi elettroacustica del linguaggio: con 49 figure nel testo, 88 tavole e 4 tabelle fuori testo.* Vita e Pensiero, 1934.

Pastori G. (a cura di). *Contributi del laboratorio di psicologia e biologia.* Serie 4, Vita e pensiero, 1929.

Pastori G. *Educazione igienica per le maestre e per le mamme.* La scuola, 1940.

Pastori G. *Le leggi dell'eredità biologica.* La scuola, 1947.

Pastori G. *Il substrato biologico della personalità.* La Scuola, 1948.

Pastori G. *Mangiare per vivere: la razione.* La Scuola, Collezione Scienza e lavoro, 1953.

Pastori G. L'uomo si difende dal microbo. La Scuola, 1953.

*Per la bibliografia estesa rimando a:
Giuseppina Pastori. *In Scienza a Due Voci,*
https://scienzaa2voci.unibo.it/biografie/114-pastori-giuseppina